PAULO DE TARSO S. S. FILHO

A Pedra e o Altar

A história de Abraão, o pai da fé

CB126493

EDITORA SANTUÁRIO

Direção Editorial: Pe. Fábio Evaristo R. Silva, C.Ss.R.
Conselho Editorial: Cláudio Anselmo Santos Silva, C.Ss.R.
Ferdinando Mancilio, C.Ss.R.
Gilberto Paiva, C.Ss.R.
Victor Hugo Lapenta, C.Ss.R.
Coordenação Editorial: Ana Lúcia de Castro Leite
Revisão: Luana Galvão
Diagramação: Mauricio Pereira

Dados Internacionais de Catalogação na Publicação (CIP) de acordo com ISBD

T193p Tarso S. S. Filho, Paulo de

A pedra e o altar: a história de Abrãao, o pai da fé / Paulo de Tarso S. S. Filho. - Aparecida, SP : Editora Santuário, 2021.
224 p. ; 16cm x 23cm.

Inclui índice.
ISBN: 978-65-5527-058-7

1. Religião. 2. Cristianismo. 3. Abrãao. I. Título.

CDD 240
2020-3168 CDU 24

Elaborado por Vagner Rodolfo da Silva - CRB-8/9410

Índice para catálogo sistemático:
1. Religião : Cristianismo 240
2. Religião : Cristianismo 24

1ª impressão

Todos os direitos reservados à **EDITORA SANTUÁRIO** — 2021

Rua Pe. Claro Monteiro, 342 – 12570-000 – Aparecida-SP
Tel.: 12 3104-2000 – Televendas: 0800 - 0 16 00 04
www.editorasantuario.com.br
vendas@editorasantuario.com.br

AGRADECIMENTOS

Dedico esta obra ao grande autor da fé – nosso Deus Trino – e ao primeiro amigo que encontrei, quando iniciei meus estudos nas Sagradas Escrituras, Abraão.

A meus pais, Paulo e Carmen Célia, que me ensinaram o caminho para o universo das letras e o gosto pelos bons livros; a minha esposa, Flávia, e a meus filhos, Graziela, Thales, Levi, Pedro e Paulinho; e aos irmãos da Comunidade Católica Luz. Gratidão!

A Kithéria e Giovanna (irmãs), à dona Lindalva e ao senhor Ari, a Gustavo e a meu neto, Arthur, bons companheiros na caminhada.

SUMÁRIO

Olhai a rocha de que fostes talhados,
a pedreira de onde vos tirei:
considerai Abraão, vosso pai,
e Sara, que vos pôs no mundo.

Isaías, 51,1

Grandes e maravilhosas são as tuas obras,
Senhor Deus, todo-poderoso!

Apocalipse 15,3

PREFÁCIO

Uma canção popular define alegremente a vida como "a arte do encontro"! A condição vital que define o ser humano é a necessidade de conviver com seus semelhantes, socializando as experiências da vida para sentir-se parte integrante de um mundo maior, mais completo e significativo. Essa necessidade de relação também acontece no âmbito da fé. O coração geme e se angustia com desejo de possuir uma realidade que não consegue encontrar nas coisas materiais. A transcendência é o caminho que completa as aspirações do espírito humano.

O mais eminente representante do período histórico conhecido como Patrística, o tempo dos "Pais da Igreja", o bispo de Hipona, santo Agostinho, resumiu de forma dramática a necessidade que o homem tem de possuir comunhão com Deus nesta belíssima passagem de suas meditações: "Inquieto está nosso coração enquanto não repousa em Ti"[1]

O homem foi deixando ao longo do desenrolar da história as marcas dos caminhos que percorreu em busca de encontrar o sentido último de sua existência. No meio dessa peregrinação

[1] Do livro: *As Confissões*, de Santo Agostinho (354-430).

incessante, percebeu que, apesar de tantas conquistas e expectativas adquiridas, ainda sentia falta de algo, de uma novidade que não se reduzia às realidades alcançáveis pelas lutas do dia a dia. Um sentimento estranho lhe inquietou e perturbou o coração. O homem, o ser mais carente da criação, por causa do vazio de sua alma sedenta de respostas, lançou-se obstinadamente em uma aventura que o levaria ao centro do mistério da vida: Deus.

Desde a aurora da criação, os seres humanos, estes peregrinos tão inquietos, olharam para as vastidões do mundo e dos céus e se encantaram com a natureza que os rodeava por todas as partes. Perceberam que não havia um caminho alternativo para fugir do fardo da existência; tudo era matéria criada e ordenada. Na alma, uma centelha de dor crepitava, como uma cantilena nostálgica, instalada com uma força primitiva e penosa: é que o espírito humano tem tanta necessidade de transcendência quanto a matéria tem de suas necessidades básicas, como comer e beber.

O homem sofreu por falta de interioridade, teve uma profunda necessidade de transcendência, de contemplação. Ajustou seus valores sociais em um processo de autoidentificação com realidades que lhe eram superiores, almejando alcançar um estado de equilíbrio moral, como reflexo da ideia do que seriam verdadeiramente o bem comum, a verdade e a justiça. E, mesmo enfrentando a pusilanimidade de sua existência, chegou à feliz conclusão de que foi feito portador de um alento divino e imortal.

O que sacia o corpo é a matéria; o que sacia a alma é o Espírito. O Mistério que criou e ordenou todas as coisas deixou uma marca indelével no abismo profundo do ser humano, o reflexo divino de sua natureza eterna, comunicada a todos os seres humanos e que se realiza na plenitude da existência, no encontro profundo e verdadeiro entre o que é próprio da natureza humana e as realidades divinas.

Basta um lance de olhar sobre a história das culturas primitivas para percebermos, com assombro, que todos os povos antigos elaboraram, ao seu *modus,* de forma autônoma e peculiar, meios de relacionar-se com os poderes sobrenaturais. Produziram de forma espontânea um sem número de registros, afirmando que eram presentes dos deuses, ou, ao menos, inspirados por eles. Por isso mesmo acreditavam em sua origem sagrada e veneravam com grande devoção essas manifestações da divina ciência dos deuses. Os diversos manuscritos que surgiram, ditos sagrados, tinham a finalidade de manifestar e reduzir o mistério, transformando-o em ritos celebrativos, na tentativa de dominar o conhecimento dos poderes etéreos que estavam encerrados ao entendimento das pessoas simples, mas acessíveis aos eleitos e afortunados, aos que tinham a intrepidez para se apropriar da contemplação das realidades metafísicas. Daqui nasceriam a casta dos sacerdotes, xamãs, curandeiros, agoureiros, exorcistas e as demais profissões ligadas ao ofício do mundo espiritual.

Uma vez institucionalizada, a religião, como um corpo organizado e necessário para as sociedades antigas, ofereceu um novo sentido à história humana, realizando a síntese entre a história social e o fim último a que se destina. O homem encontrou o caminho de saída para sua solidão existencial, para a nostalgia de sua alma. Uma nova e dinâmica experiência se emoldurou no quadro de sua existência tão efêmera. Ao lado do mundo da matéria e consubstancial a ele, está o mundo espiritual, tão rico e vasto quanto a capacidade humana é capaz de compreender e adentrar.

Nas Sagradas Escrituras, encontramos o mais belo e comovente, e por que não dizer completo, testemunho histórico da relação que se formou entre Deus e a humanidade. Suas páginas destilam a afinidade que se estabeleceu entre a fé e a história cultural de um povo, situado em um tempo e lugar: o povo Hebreu, arquétipo de todos os povos. Este foi guardião de uma religião fundada sob uma experiência concreta, tipificada como uma *religião de encontro,* que vai se desvelando pouco a pouco, conforme o povo vai tomando consciência da necessidade de uma espiritualidade que lhe trouxesse a mística capaz de gerar as condições fundamentais para a vida dos clãs. Foi a religião dos pais, da tradição familiar, dos santuários tribais que testemunharam a memória cultural das andanças e aventuras dos pastores que fundaram o povo eleito. Foi a religião da Aliança, do mútuo compromisso, elaborado didaticamente nos mandamentos da Lei do Sinai.

Impressiona-nos também a forma em que se vai fixando primeiro nas tradições orais e depois nos escritos, as bases desta aliança entre Deus e o povo de Israel. É o próprio Senhor-Deus que se manifesta de forma espontânea na vida de homens e mulheres de todas as idades e condições sociais, para iluminar a vida do povo, fecundar o horizonte existencial de sua história de tal forma a ser este mesmo povo escolhido dentre todos os povos do mundo para um destino soteriológico.

Os textos da Bíblia nos ensinam que é Deus, em total atitude de amor, quem toma a iniciativa da relação, apresentando sua proposta que se realiza como uma Aliança (berith) de compromisso, nos moldes que o homem, no tempo mesmo em que se encontra, fosse capaz de compreender, aceitar e se conformar a ela, sendo o próprio Deus o autor, consumador e maior benfeitor dessa aliança proposta.

Mesmo velado pelo silêncio de sua onipresença divina, envolto pela pálida luz que resplandece timidamente no coração do fiel, o Senhor deixa-se alcançar em lampejos de graça que infundem luminosidade ao intelecto humano, acendendo a chama da fé nos corações e promovendo um nível mais profundo de relação com a vida do crente, uma intimidade, que nasce e se desenvolve como expressão da adesão radical em que os pactuantes estabelecem entre si.

Tal testemunho, presente na história sagrada, aponta para o caminho que tem como destino final a vida nova em Deus, caminho sempre aberto, podendo ser alcançado por todos. O acesso que conduz a Deus está sempre livre e aberto, e nada que venha de dentro ou de fora do coração, tem a força para impedir essa relação de encontro e de amor.

As manifestações sensíveis da presença de Deus na história dos povos remontam a tempos imemoriais. Foram as tradições religiosas que transmitiram, geração após geração, riquíssimos relatos dessas histórias, como a do caldeu Abraão, que, acolhendo os expedientes de sua nova fé, forjou a ferro e fogo uma relação com Deus baseada em uma fórmula de Aliança, tornando-se assim a personagem que inaugura o culto monoteísta, base da tradição que formará os textos bíblicos. Por essa opção singular, recebeu o nobre título de "Pai da fé" ou, de modo mais alvissareiro, "Pai de todos os crentes"!

O novo culto, brotado da fé bucólica e rudimentar do clã de pastores semitas, manifestou sua novidade na forma de relacionamento que estabeleceu com o sagrado. Foi novo particularmente para o período em que viveu Abraão, por volta do século XIX a.C., em franca contradição com as culturas religiosas de sua época que praticavam o politeísmo como forma de cultuar as forças da natureza, consideradas como manifestações dos poderes sobrenaturais. Para isso, davam aos seus deuses nomes e formas humanas ou de espécies animais e criavam histórias míticas em que procuravam desvendar os processos cíclicos das estações do ano e dos fenômenos naturais. Esses rituais anímicos eram a maneira, o instrumento que os povos antigos utilizavam para interpretar tais fenômenos que todos os anos se repetiam e causavam um estupor de medo e veneração nas populações

Os cultos religiosos dos antigos organizavam-se em torno do esforço de compreender o significado desses fenômenos e, assim, evitar o pânico generalizado que assombrava as populações quando chegavam os tempos das terríveis enchentes, tempestades, erupções vulcânicas, terremotos, pragas etc. Ritualizando e sacralizando os elementos da natureza, procuraram explicar, à luz de suas crendices, esses fenômenos que o intelecto humano e a protociência da época não conseguiam alcançar.

Divinizaram tantas coisas e situações do cotidiano que a religião acabou por se transformar em um enlaçamento doutrinário de normas e prescrições tão confusas quanto deploráveis e, não sem exagero, vazias de sentido, sustentando-se no medo coletivo de desagradar aos deuses. Essas religiões, com seus templos e hordas de funcionários consagrados, estavam escoradas como uma parede velha a ponto de ruir, por uma síndrome quase paranoica de medo do que viria a ser o destino no pós-vida e das desgraças que recairiam sobre a sorte dos infelizes que não cumprissem com suas obrigações devocionais, impostas pelo clero a serviço da divindade.

Os cultos antigos engaiolaram, em seus esquemas ritualísticos, a visão que os povos tinham das forças que regiam a natureza. Aprisionaram de tal forma o entendimento das populações que, até nossos dias, não são poucas as superstições relacionadas a fenômenos naturais.

Seus deuses tinham características humanas, com o que é próprio dos homens, os vícios e pecados. Eram senhores caprichosos do mundo da matéria e dos espíritos. Cabia somente ao pobre crente aceitar resignadamente sua condição de escravo de uma divindade que mal sabia como invocar, mas que devia arcar, mesmo com o pouco que tinha, com seus deveres com o templo local.

A partir da rejeição do clã de Abraão pelas práticas religiosas politeístas dos seus contemporâneos do oriente, as sementes de uma nova ordem espiritual foram lançadas, no fértil terreno da história, fincando suas raízes ao longo dos séculos e de sociedades que se estenderam desde as terras orientais até as fronteiras mais longínquas da história humana.

Em meio à austeridade da vida pastoril, com suas características bem consolidadas nas tradições milenares que herdaram de seus antepassados, o coração do humilde pastor e o de sua fiel esposa encontraram o amparo para a nova jornada de fé nos princípios de sua religião familiar. A relação que mantiveram com Aquele-que-é--o-Eterno, que os chamou para uma vocação particular, fê-los abandonar seu lugar de conforto e segurança e deixar para trás as raízes familiares e culturais, para descobrir que os sinais da presença de Deus se faz perceber na obediência e adesão radical ao seu projeto.

A fé de Abraão, que o inquietou e o moveu, revela o quão necessário é ao homem deixar-se alcançar pelo mistério de amor, descobrir o valor espiritual da solidão, do desinstalar-se, da vida de oração, que eleva o espírito às águas calmas da humildade e da caridade. Sem negar que faz parte da grande fraternidade humana, o coração encontrado em Deus deixa-se possuir pela paz, semelhante à paz de um entardecer!

Abraão foi um homem de grandes tesouros: sua fé, alimentada por uma profunda intimidade com Deus; sua família, sustentada pela unidade do respeito, do amor e da presença edificante de Sara, a pedra angular da casa; um sem-número de amigos e companheiros, que, mesmo sem saberem, mantinham o coração do velho patriarca ligado ao movimento do mundo. Essa era a riqueza de Abraão. No plano material não tinha quase nada, era pobre, justo e fiel. Deixou-nos o legado do quão fundamental é ter um coração orante e obediente. Deixou-se levar, na correnteza de sua fé, guiado por uma profunda amizade com Deus, mas não quis ir sozinho. Por sua grande devoção pelo Amigo, lutou para que os seus também pudessem gozar do mesmo privilégio. Seu humilde coração nos apresentou a riqueza da dimensão social da fé.

A experiência da caminhada de fé de Abraão nascera fruto da catequese familiar, transmitida de pai para filho. Fiel a essa tradição, vemos, nas peregrinações de Abraão, o encontro de dois mundos: o mundo material com sua lógica e o que é próprio de sua estrutura: necessidades financeiras, questões políticas, costumes sociais; e o mundo novo, surgido de sua religião, em que brotava uma nova ética social, baseada em princípios de justiça e caridade, uma moral que se sustentava no assentimento de uma Presença divina, que lhe estava sempre fazendo companhia e que era o ponto de consciência que conduzia ao caminho do perdão, da misericórdia e do amor.

O pastor se transformará em patriarca. Dele vão nascer povos, religiões e muitas interpretações sobre Deus. A partir do encontro desses mundos diversos, a própria história se curvará diante da luz que brotara de sua humilde condição de homem de fé.

A bandeira tremeluzente da fé foi hasteada por mãos pobres e humildes, no cume mais alto da história, e todas as tribos, raças e povos viram-se agora chamados a fazer sua própria peregrinação ao encontro deste mesmo mistério divino, que se encerra em Deus, que é santo, vivo, amigo e companheiro na caminhada da vida.

Quando o homem encontra Deus em sua vida e percebe que sua presença é iluminada pelo selo do amor e da misericórdia, sua própria razão aceita sem reservas o mistério que se produz no âmbito da fé. A seiva transformadora da graça divina gera vida; onde havia somente pedras e desertos, tudo fica transformado. Os desertos desolados transformam-se em lugares fecundos de onde brotam as fontes da vida; a solidão deixa de ser ausência para transformar-se em presença divina; as pedras do caminho são transformadas em altares de oração e adoração; tudo se renova! Até mesmo a pobreza se reveste de dignidade. O homem descobriu o caminho do gozo e da paz e já pode descansar.

A vida de Abraão é história de fé, de tradições que se fixaram na memória do povo israelita, chegando até nós por meio dos registros veterotestamentários, confirmados pelas tradições cristãs e pelo folclore das comunidades de crentes que, com esforço e profunda solicitude, mantiveram vivas as memórias daquelas personagens que serviram de modelo para a consolidação das comunidades de fiéis ao longo dos séculos.

Tendo como ponto de partida o contexto existencial de Abraão, penetramos no mistério humano sedento de sentido e de esperança. Com Abraão abrimos as portas da intimidade de uma vida marcada pelo cotidiano das lutas, dos sonhos e da oração. Adentramos nos átrios mais interiores da alma onde o espírito ainda é puro, lugar em que o mistério do amor divino conduz o homem com docilidade para caminhos novos, de vida e santidade.

Em Abraão vamos encontrar, não um modelo personalizado e superficial de crente, mas sim um homem e sua família, vivendo sua vocação peculiar em meio às alegrias e tristezas, aos medos e às angústias, às crises de fé e à adesão radical e submissa ao *Todo-Poderoso*.

Se de Abraão foi dito que é o "Pai da Fé", podemos afirmar que somos seus filhos?

É mirando para esse ponto vital que buscamos alcançar a luz para nossa peregrinação, trilhando com tenacidade os mesmos caminhos de lutas e expectativas, de sonhos e desejos de eternidade que arderam como combustível na alma do pastor, para finalmente chegar à montanha do descanso, onde o coração pode encontrar repouso no Eterno!

Conhecendo os itinerários do *Pai dos Peregrinos,* seremos capazes de entender as raízes profundas de sua fé e, assim, poderemos penetrar no interior mais recôndito de sua tenda, lugar de intimidade, de plenitude e de relações que se estabeleceram pela confiança total na amizade com as pessoas próximas e com Deus. Contemplamos, à luz de seus passos, o que é, ou melhor, quem é o Deus da Bíblia.

Abraão foi a semente escolhida por Deus e lançada na incipiente história da salvação, para gerar, quase dois mil anos depois, o grande salvador, Jesus Cristo! Da tênue figura do patriarca emergirá triunfante e glorioso o Redentor, para tomar posse da história universal e ser a estrela reluzente da esperança até o fim do mundo.

Duas realidades se debruçam e se enlaçam em total intimidade na perspectiva das narrações bíblicas sobre Abraão: em um primeiro plano, entramos no que as possibilidades nos permitem chegar, no nível profundo de sua intimidade, sentindo os conflitos, as lutas, os sonhos do velho patriarca, para tentar alcançar *o homem* Abraão. É como olhar para o reflexo de sua alma, nua, pobre, isenta de aforismos, nascida do barro da história. O outro ponto incide sobre o grande mistério da encarnação. Há, de fato, profundas semelhanças entre essas vidas: o "Pai da Fé" e o próprio "Consumador da Fé" - Jesus Cristo. A descendência de um se direciona para o Outro, que é, ao mesmo tempo, o fim e a resposta para a peregrinação daquele que fora o primeiro.

Deus agiu no cotidiano da história desse pequeno clã, utilizando-se de suas raízes humanas e culturais para promover a manifestação de uma nova religião, que nasce tão pequena quanto um grão de mostarda, para depois se revestir de um caráter universal e germinar os elementos essenciais que produzirão a seiva do cristianismo.

Os caminhos do pastor peregrino são marcados de sonhos, de noites solitárias, iluminadas por estrelas cintilantes, que se defrontam com as contradições próprias da faina de cada dia. Abraão nos ensina que todo coração apaixonado pelo infinito sabe esperar! Sua busca pelo transcendente o torna amigo da solidão. Esta palavra – solidão – foi particularmente crucial ao patriarca.

Nas tradições cristãs, as Sagradas Escrituras se organizaram em torno de dois tempos: um Antigo e um Novo. Pois bem, guardadas as devidas proporções e dimensões, ninguém na história sagrada foi mais solitário no seu tempo do que estas duas personagens, Abraão e Jesus de Nazaré. O grande patriarca viveu, em sua experiência de fé, o tempo da preparação, da construção de uma espiritualidade simples e familiar baseada no costume da *Religião dos Pais*, termo caro ao entendimento da fé dos primeiros patriarcas e à fundação da religião israelita, que lançará as sementes da estação para preparar os novos caminhos, muitas vezes áridos e pedregosos que desembocarão na manifestação do Filho de Deus, mas que é somente contemplado pelos corações apaixonados por Deus.

A fisionomia solitária de cada um reside no fato de que viveram e propuseram uma experiência muito nova para os seus distintos tempos. Em suas vidas, a relação com o sagrado tomou ares de uma verdadeira revolução do Espírito. Eles nos ensinaram que, a princípio, a resposta do amor, da justiça e da entrega confiante a Deus será sempre a luz que indicará o caminho aos peregrinos da fé para que alcancem a graça da vida plena. São eles mesmos, ligados pelo cordão da história, em seus tempos distintos, que nos convidam, propondo que saiamos da tranquilidade de nossa tenda para a jornada de encontro com o mistério do amor infinito do Pai. Uma vez decididos a partir, vamos na alegre companhia do querido Pastor para a terra da promessa e do encontro. Deus estará lá.

Por fim, a história de Abraão é história de família. É história de clã, de pastores peregrinos. Nela se coadunam vidas diversas com suas realidades particulares. O universo masculino convivendo com as coisas próprias da cultura patriarcal; mulheres, envoltas pelo silêncio de sua condição de submissão social, assumindo o papel de colunas da vida do clã; crianças, em seu mundo rico em cores e o olhar perdido na beleza e no encanto pela vida, fazendo transparecer de forma inequívoca o grande amor do Pai.

É tão belo conceber a gratuidade da vida quando ela se manifesta em tons alegres e coloridos. Tudo é bom! A alma não cansa de se deleitar no gozo. Mas o que acontece quando a sombra fugaz da dor e do desamparo toma conta da vida? Poderíamos viver sempre e tão somente sob a bandeira da paz e do regozijo?

Todas as histórias se enredam neste movimento dialético de alegria e dor, esperança e agonia. O homem mais feliz é aquele que aprendeu a conviver com essa realidade tão paradoxal. Esse aprendizado nasce da experiência concreta da fé de acolher o amor incondicional de Deus, refletido nas boas relações humanas, na capacidade que cada um tem de alcançá-lo. É Ele que dispõe o coração à plenitude.

Abraão foi o primeiro mestre na escola da fé, do abandono total nas mãos de Deus, que lhe propôs viver uma realidade inaudita, selada pela solidão e pela esperança.

O que a história de Abraão também nos ensina é que os elementos essenciais que regem a vida estão organizados na órbita de um tempo. A contingência é o sinal imperativo de que a vida não pode parar. Sempre em frente! Todos somos peregrinos. A felicidade plena e o descanso final é o Pai. Aqui, sob o peso da lei da precariedade, só há preciosos, mas passageiros instantes de sossego e paz. A verdadeira vida se consuma no Pai. Ele nos aguarda.

Boa jornada!

INTRODUÇÃO

A história de Abraão é como a chama de uma lâmpada que não parou de brilhar ao longo de três mil anos! É o átrio que nos introduz no grande pórtico da história da fé. Primeiro, porque é a chave de leitura que apresenta a revelação da história da salvação, é o momento em que Deus se revela, fala, promove uma relação, apresenta seu projeto de vida para todos os tempos e todas as nações. Podemos afirmar por dedução que a história, ou, "as histórias" de Abraão, na literatura bíblica, são os textos que introduzem tudo aquilo em que devemos crer.

Abraão, ou "*Pai elevado*" – tradução bíblica de seu nome –, representa nas Sagradas Escrituras, não apenas uma etapa, em que a humanidade está passando do politeísmo anônimo para uma forma de religião de estado e, posteriormente, para um tipo de monoteísmo institucional que caminhará na história até a consumação do domingo da Ressurreição, quando, a partir daí, tornar-se-á religião universal, mas também, singularmente, uma manifestação do ambiente em que vai nascer a fé em um único Deus, pessoal, transcendente, onipresente, Senhor soberano da história por meio de intervenções providenciais e com quem o coração poderá estabelecer um relacionamento profundo e receptivo.

Essa realidade mística vivida por Abraão é-nos útil para compreendermos as disposições interiores da alma e as inclinações e os conflitos que levam as pessoas a acolherem de forma mais simpática uma religiosidade de cunho popular e devocional, sustentada no formalismo cultual e na relação de troca de obrigações com a divindade, como promessas, ofertas e tributos. Não é de hoje que os homens resistem a uma espiritualidade de encontro pessoal com o mistério, sempre buscando atalhos. Custa-lhes muito o exercício da ascese e o encontro com as razões profundas de sua fé.

Em seu itinerário espiritual, em meio a lutas e dissabores, Abraão lançou as sementes das três grandes religiões do mundo: judaísmo, cristianismo e islamismo, além de fecundar um sem-número de seitas religiosas que resistem até nossos dias nas tribos nômades de beduínos que perambulam entre os oásis dos desertos do oriente.

Em toda a Sagrada Escritura, Abraão vai servir de referência e modelo para o ideal de vida na fé, peregrina, solitária, pobre, mas também abundante de ricas experiências, sempre a caminho. Essa realidade que nos é apresentada na vida de Abraão, o *pai de todos os crentes*, brilha como uma luz sobre a montanha, apontando a necessidade que o homem tem de encontrar um sentido maior para a própria vida. É esse traço tão sensível que fascina em Abraão: ele é humano demais como qualquer um, ao mesmo tempo, consegue exprimir em sua peregrinação tudo aquilo que, no nível mais profundo de sua intimidade, toda pessoa anseia e consome sua vida, olhando para o mundo que o envolve à procura do encontro consigo e com seu destino, para então encontrar respostas para as inquietações mais agudas de sua alma e o sentido último de sua própria existência e, enfim, gozar a felicidade de viver!

Assim como Abraão e sua fiel companheira Sara, caminhamos em busca de uma pátria de bênçãos, da herança da paz e da felicidade, da superação de nossos modelos limitados, e por que não dizer até fracassados e vazios de vida. Em suma, estamos constantemente em busca de ouvir "Aquela" voz que soa no mais íntimo do coração e se irradia por toda a vida, dando sentido e direção para nossa história e sendo força geradora de novas energias que alimentarão a sempre desafiante caminhada na experiência da fé.

Encontramos plenamente sentido para a vida atendendo à nossa vocação de irmãos, filhos e filhas de Deus, integrados em sua obra criadora e participantes de seu projeto de salvação e redenção. Assim foi a vida de Abraão: deixando-se vencer pela nova fé, caminhou resolutamente, não sem se perturbar e estremecer em alguns momentos; partiu iluminado pela luz daquela revelação para um sonho de liberdade e esperança.

O que o aguardava? O improvável.

Sem descendência, sem posses, sem nome. O único bem de Abraão era sua fé. Era familiarizado com a pobreza, um pobre homem de Deus, vivendo as agruras de conquistar seu tesouro mais precioso no recôndito do coração.

Alimentada por uma voz que lhe visitava constantemente, a relação de Abraão com Deus foi marcada por uma proposta unilateral e, sem nenhuma possibilidade de questionar ou avaliar, Abraão seguiu resolutamente em frente, encarando o deserto, a solidão, a pobreza, as incertezas que assomavam ao seu coração. Foi de mãos vazias encontrar-se com seu destino. Por isso a história de Abraão tornou-se uma verdadeira "Teologia da Promessa".

Nas Sagradas Escrituras, sua história é narrada no livro do Gênesis, iniciando no décimo primeiro capítulo com as genealogias dos primeiros patriarcas, estendendo-se até o capítulo vinte e cinco, em que é relatada sua morte e o destino de seu clã, é contada por fontes diferentes e enriquecida com a mentalidade dos escribas judeus do período pós-exílico (Séc. V a.C.) que muitas vezes quiseram empregar uma visão sublinhando as bênçãos e a riqueza de Abraão, o homem de fé.

Sua história delimitou a fronteira entre o mito e a revelação. A vida de Abraão foi exemplo para o espírito fiel do crente, seja judeu, seja cristão, e, mais tarde, do muçulmano. Foi muito valorizado pela literatura judaico-cristã, que viu nele o modelo de homem que agrada a Deus pela vida e pela fé. É o pai do povo crente de Israel, modelo de espiritualidade e guardião da aliança e da promessa de Deus a seus descendentes.

A teologia cristã desenvolveu uma visão mais universal do papel de Abraão na relação da aliança com Deus, não sendo mais somente o primeiro de Israel, mas o primeiro pai de todos os que creem e prelúdio do que haveria de vir com o advento da fé cristã. Essa superação da literatura judaica colocou o Patriarca no contexto da tradição da Igreja Cristã, que passou a venerá-lo como santo conforme atesta a própria doutrina da Igreja Católica[2].

Em Abraão, o Senhor encontrou uma *Shekinah, uma tenda humana* para habitar – simbologia bíblica para apontar um lugar físico de encontro entre Deus e o homem –, e apresentou seu projeto, *Berith*: sair da idolatria e do pecado para entrar em "Aliança" e trazer em sua descendência o *Shallon*, a bênção da paz, para a história humana. Essa bênção, que primeiramente se apresentou como o direito a uma posse de terra e uma herança, foi plenificada com a bênção da descendência. É a partir dessa pequena semente familiar que virá o grande messias salvador: Jesus de Nazaré.

Foi por meio do seio rejuvenescido da idosa Sara, na singela tenda de Abraão, que a semente da maior notícia da história humana foi primeiramente semeada e foi preparado o maior acontecimento da história: a encarnação do Filho de Deus, que veio como descendente de Abraão e entrou na história para regenerar a criação decaída pelo pecado[3].

---

[2] Cf. Catecismo da Igreja Católica. Capítulo II. Art. 1º. Nº 61.

[3] Cf. Genealogias dos Evangelhos de Mateus e Lucas.

A arte apresentou a figura de Abraão por meio de pinturas e afrescos espalhados por várias culturas e vários períodos históricos. Segundo as imagens que chegaram até nossos dias, poderíamos fazer uma breve descrição de Abraão analisando as narrativas bíblicas e os traços implícitos nos textos que narram sua história. Com simplicidade podemos reconstruir suas feições humanas de forma intuitiva, como um homem com as características próprias de seu tempo, do lugar em que viveu e segundo as condições econômicas em que estava inserido a partir de sua realidade de pastor das áridas estepes. O semblante marcado pelo calor escaldante das planícies do deserto apresenta traços da nobreza típica que caracteriza as pessoas que se adaptaram dignamente ao ambiente inóspito. Veste uma longa túnica de cor clara para amenizar o calor rigoroso do deserto, traz na cintura um cinto com adornos discretos, mantém a cabeça sempre protegida pelo turbante de pano grosseiro, que servia tanto para proteger a cabeça quanto o rosto dos sirocos, ventos quentes, que subiam do litoral em direção aos desertos. Sua caminhada é marcada pela disposição em seguir os caminhos que lhe são apontados. Tem a força e a coragem de um típico peregrino que passou a vida resistindo aos ventos, às subidas e descidas do deserto e das montanhas. De personalidade reservada, mas nutrido de muita simpatia. Amigo do silêncio, mas dado a boas conversas sobre o cotidiano da vida, característica típica dos pastores semitas. Vive em meio a privações, porém gosta muito das coisas boas que a vida pode oferecer.

Tem um sonho: uma família. Um profundo desejo: encontrar um pedacinho de terra para viver em paz com seu pequeno clã e seu rebanho de cabras, bodes e ovelhas.

Com uma expressão semelhante aos traços rijos dos moradores do deserto, Abraão tinha uma grande familiaridade com seus concidadãos. Sua experiência de fé não o afastou da vida social, nem lhe fechou ao convívio com aqueles que cultuavam deuses pagãos. Era um homem muito simples e muito fiel às tradições familiares que aprendera com seu venerável pai Taré. Acostumou-se a falar com Deus em meio às ásperas experiências da estepe e, dali, aprendeu que as pedras do caminho poderiam ser transformadas em altares de adoração.

De gestos simples, olhos castanhos escurecidos, franzidos por causa da forte luz do dia, muito atento às noites estreladas, faz-se entender com seu falar rústico e iletrado, mas elegante pela profunda generosidade, simplicidade e um ar de nobreza.

Todo personagem tem um rosto, uma personalidade, uma história. A luz que irradia da vida de Abraão é como uma imagem do que é mais simples e comum em cada pessoa. Um humilde retrato daquilo que o Criador selou em cada um. Um homem comum, conforme seu tempo e seu lugar na geografia da criação.

Há também em Abraão um espírito alegre e vivaz, habituando-se com as lutas, os medos, as dúvidas, os anseios, as esperanças e os sonhos que permeiam a alma humana. Vemo-lo sofrendo os desânimos, carregando os fardos da dura rotina, lutando por manter viva a chama da esperança, por não deixar de sonhar e acreditar que tudo vai terminar segundo a misericordiosa vontade de Deus. Destemido, em seu íntimo, vê-se obrigado a conviver com temores pessoais, guardando no fundo da alma as próprias angústias. Coloca-se com liberdade nas mãos de um projeto que somente consegue enxergar por meio da fé.

A vida de Abraão é a síntese de um projeto existencial que nasce em meio à contingência da história e que não se dilui no caminhar do tempo. Este é o sentido da fé: viver a vida, mesmo rude e cheia de privações, conservando a lâmpada da esperança na realização da promessa acesa para iluminar o coração, mesmo quando chegar a longa noite do infortúnio e do desamparo.

Por isso a figura de Abraão é tão simpática. Porque é totalmente humana, tornou-se o modelo de todo o Antigo Testamento para ser como uma luz para aqueles que querem ser totalmente espirituais, viver uma vida de santidade, sem, no entanto, deixar de viver e valorizar o mundo e as circunstâncias que o determinam.

Poderíamos dizer que na história de Abraão se encontra um tipo de antropologia da fé, uma descrição sensível da psicologia humana, com sua cultura, com um fator transcendental: sua alma com todas as suas potencialidades em constante diálogo com as próprias limitações e com o eterno.

Abraão não é rico, mas persegue a riqueza, é trabalhador, valoriza a vida, não deixa de se importar com suas pequenas conquistas. Passa a vida a caminhar, comprando, vendendo, negociando o tempo e os poucos bens que possui. Ajunta seu pequeno rebanho sem desperdiçar qualquer coisa que entenda ser um bem para si e seu clã.

Onde o podemos encontrar? No lugar onde descansam os sonhadores! Onde o véu sagrado da noite oferece todo o seu brilho por meio do cintilar das estrelas. Abrigado sob a sombra de uma árvore frondosa, de onde pode observar atentamente o movimento da terra e desenhar na mente um caminho novo para sua jornada de fé.

A história desse "Pai elevado" é também a história de cada peregrino. É o enredo alegre e dramático da vida. O espírito não cessa de querer o melhor para si, e o mundo, com sua lógica fria e racional, não cessa de lançar caminhos desafiantes para o caminhante. Enquanto o coração anseia pelos cumes verdes e floridos, os pés estão fincados no chão duro da terra.

Desse paradoxo, nasce a fonte pura do encanto pela vida. Aprende-se que as pedras do caminho, docilmente, transformam-se em altares para elevar o espírito a latitudes eternas. A fé, simples e humilde, vivida na rotina de cada dia, rompe as fronteiras que a vida impõe e sustenta o olhar dos filhos de Deus na direção de suas esperanças.

Para o que crê a vida, por mais desafiante que seja, não deixa de ser gratuidade. É um generoso dom doado por Deus. E, assim, encontramos na travessia da história sagrada, Abraão, diante do grande muro, cuidando do pequeno rebanho de seu clã. Ele e sua família. Desse modo, começa a história da fé!

CAPÍTULO I

O GRANDE MURO

Os primeiros raios de sol denunciavam o movimento constante das caravanas de viajantes que partiam e chegavam a toda hora à grande cidade. Carregavam na bagagem sonhos de novas oportunidades, ricas histórias de aventuras e atualizavam as últimas notícias que traziam das terras longínquas.

Nas estepes, o dia mal amanheceu, e os rebanhos com seus balidos frenéticos e agudos já obrigavam os pastores a começarem logo a lida. Andando pelas encostas ou circunscrevendo na mente caminhos pela planície árida, os pastores conduziam seus rebanhos em busca de alimento e água. Somente depois de muito caminharem, voltavam já quase ao entardecer para a proteção dos pequenos currais feitos de talos secos para, novamente, encontrarem-se sob o véu sagrado da noite, junto à tenda onde o chefe ancião se reunia com todo o seu clã para a última refeição do dia. Aquele momento, mais que uma simples refeição, era a ocasião em que eram atualizadas as histórias e se fazia a memória dos antepassados para manter viva a identidade do clã. Todos participavam do momento fraterno, e, ao se recolherem no interior da tenda para dormir, não faltavam olhares fascinados que se voltavam para o céu salpicado de estrelas, onde sonhos alvissareiros se acendiam nos corações, e corpos cansados adormeciam embalados por antigas canções de louvor e gratidão. Logo as sombras da noite tomavam conta do ambiente onde indivíduos deitados em toscas camas de junco repousavam em profundo sono.

Como os pastores que viviam naquele tempo, assim também era a vida de Abraão e sua família.

Segundo a cronologia já bem fixada por historiadores e exegetas, o clã de Abraão se encontra na história humana em meados da primeira metade do século XIX, por volta de 1850 a.C., na fértil região da caldeia, mais tarde denominada pelo historiador e filósofo grego Heródoto (Séc. V a.C.) como "Mesopotâmia" - terra entre rios; região comumente denominada como *Crescente Fértil*, um cinturão verde que se estende como um arco cruzando uma longa, mas estreita faixa, em meio aos vastos desertos que dominam aquelas terras, no planalto onde se localiza o Iraque.

Abraão viveu na época em que o primeiro império babilônico havia se instalado com vigor em terras orientais e formado um dos grandes reinos da antiguidade.

A Mesopotâmia foi o berço da civilização humana e o lugar onde surgiram as primeiras manifestações de uma cultura fortemente organizada em instituições. A religião, o comércio, a arte das grandes construções, a irrigação artificial davam os primeiros passos rumo a uma protociência (nas áreas da geometria, astronomia etc.), tendo como principal legado para a humanidade a invenção da escrita. Tudo fruto dessa sociedade urbana que floresceu naquela região banhada por dois grandes e caudalosos rios: o Tigre e o Eufrates.

Uma terra mesclada de centros urbanos opulentos contrastando com pequenas vilas, campos férteis, rios repletos de cardumes de várias espécies de peixes, montanhas inabitáveis e vastos desertos. A vida da população girava em torno da ocupação e utilização desses espaços. Também era característica da sociedade mesopotâmica a religiosidade fundada sobre uma miríade de deuses que compunham toda uma organização, emprestando seus favores divinos aos reis e sacerdotes, estabelecendo, no inconsciente coletivo das populações locais, um estado de temor permanente.

A religião estava a serviço dos interesses das famílias mais abastardas da sociedade e das castas sacerdotais, com seus inumeráveis auxiliares e escribas que a organizavam, tornando-se um verdadeiro instrumento de opressão social, um jugo que todos tinham que carregar, com complicados cultos, sacrifícios e oferendas para assegurar boas colheitas, saúde, paz e, principalmente, descendência. Como a média de vida não passava muito dos quarenta anos de idade, devido às intermináveis guerras, aos períodos de escassez de alimentos, que agravavam a fome e disseminavam doenças, e ao amparo de uma medicina rústica e feiticista, a convivência com a inusitada realidade da morte era comum e a descendência era considerada como a continuidade da vida familiar. Dessa forma, como o povo sumério não havia desenvolvido uma mentalidade sobre a vida no pós-morte, acreditavam que, quanto maior fosse o clã, mais forte seria a perpetuação da vida dos espíritos ancestrais que passavam sua força vital para seus descendentes. Não tinham a ideia de céu nem de inferno, tampouco de reencarnação ou ressurreição.

Ter descendência para o povo que vivia na mesopotâmia significava ter garantia do prolongamento da vida, mesmo após a morte, e sinal de bênção dos deuses. Os que morriam doavam sua existência aos seus descendentes, que deviam honrar sua memória e perpetuar o clã a que pertenciam. Não era uma forma de reencarnação, mas de prolongamento da essência vital do clã, presente dos deuses na origem do mundo para todos as tribos, como acreditavam os antigos; e os sacerdotes se esforçavam em suas elaboradas cerimônias para fixar essa ideia no imaginário popular.

Havia deuses para tudo, para cada tipo de trabalho, de ferramenta, de plantação etc. O panteão mesopotâmico possuía mais de duas mil divindades. Cada cidade-estado gozava dos favores espirituais de seu próprio deus protetor. A supremacia de uma cidade sobre outra representava, na mentalidade daquele povo, a superioridade de um deus sobre outro. Ainda na história veterotestamentária do povo de Israel, podia-se perceber traços dessa influência da mentalidade religiosa oriental.

A capital do novo império que dominou aquela região na época de Abraão era a, até então desconhecida, cidade de Babilônia, que suplantou a antiga capital Ur, mais popularmente chamada de Ur dos Caldeus na baixa mesopotâmia, denominação esta atribuída ao povo que dominou aquela região durante alguns séculos atrás.

Na verdade, a mesopotâmia era formada por várias cidades-estados independentes, e cada uma, de tempos em tempos, reivindicava para si a supremacia política e religiosa. Para tanto, o papel dos ritos sagrados e da organização militar de seus esquadrões de infantaria eram essenciais, pois, todos os anos, as cidades disputavam a hegemonia na região e o controle sobre os rios Tigre e Eufrates e seus afluentes. Controlar os represamentos e as áreas de vazão dos rios era uma questão de sobrevivência para as populações que ali viviam. Geralmente os conflitos entre as cidades tinham como pano de fundo a luta pela hegemonia no controle dessas águas.

No tempo de Abraão, a cidade de Ur já não exercia mais o controle político sobre a região e havia entrado em franco declínio. Fato que implicava não somente a perda da dominação política, mas também o controle comercial e, principalmente, religioso. A derrocada militar de Ur e das demais cidades que antes lhe estavam sujeitas significava a derrota da divindade protetora local, Nanna, deus da lua, pelo obscuro e belicoso Marduk, deus dos amoritas, povo guerreiro que se instalou em Babilônia. Durante esse período da história, a centralização do poder permitiu alguns intervalos de paz em uma região onde a guerra e as disputas políticas eram sazonais.

Assim como as demais cidades-estados da mesopotâmia, Ur era uma cidade construída sobre uma elevação geográfica, circundada pelos dois rios que banhavam a região, com seus afluentes alargados pelos constantes represamentos, que eram utilizados para fazer as suas águas chegarem ao mais longe possível para irrigarem campos que eram preparados cada vez mais distantes.

A cidade era cercada por uma grande muralha que servia para, em primeiro plano, defender a população de possíveis incursões militares e das constantes enchentes, manter o controle sobre os bens e as mercadorias comercializadas e também fiscalizar o afluxo de pessoas que constantemente buscavam a cidade como centro de comércio. A grande muralha era utilizada como limite habitacional, determinando quem poderia viver dentro dos muros e quem deveria viver fora, ou seja, os mais pobres da terra.

Dentro dos muros, a cidade era formada por um conglomerado de ruas estreitas, lotadas de pequenas casas, com mercados barulhentos e feiras populares serpenteando pelas principais vias por onde circulavam os habitantes. Os cidadãos comuns podiam comprar seus víveres e os produtos para atender suas necessidades básicas como alimentos, artefatos domésticos, tecidos e unguentos medicinais. Havia também os grandes complexos residenciais, como o luxuoso palácio real, o grande templo religioso com uma monumental estrutura em forma de zigurate (pirâmide em degraus), para as celebrações em honra da divindade local e os enormes armazéns para estocar os cereais devotados ao templo. O palácio real e o templo dedicado à divindade protetora da cidade eram as construções mais proeminentes em todas as cidades-estados. O templo era erguido em forma piramidal devido às constantes reconstruções sobre os próprios escombros. Tão grandes e opulentos eram, que se podiam ver a vários quilômetros de distância. De todos os arredores da grande cidade de Ur, era possível contemplar o grande templo e admirar com veneração os rituais realizados no ponto mais alto da pirâmide, entre eles, o insidioso casamento do deus da lua Nanna, representado pelo *lugal*, o rei, com a deusa mãe Ningal.

Essa visão do deus sobre o alto da montanha – zigurate – iria deixar profundas marcas em Abraão e no futuro culto monoteísta israelita.

Dentro da cidade estavam também o exército, que servia para manter a ordem estabelecida, segundo os interesses da coroa e da religião, e a defesa militar em tempos de guerra. O exército ficava situado junto à grande muralha que cercava toda a cidade, controlando a entrada e saída das pessoas e das mercadorias que movimentavam o comércio local. Era o braço armado do estado, a alfândega e a certeza do cumprimento das leis, cujo direito de exercer a justiça legal lhe atribuía mais temor do que sentido coletivo de proteção.

Do lado de fora, vivendo em frente ao grande muro, estavam os camponeses que se dedicavam à pecuária e à produção agrícola. Estes eram aqueles que não tinham renda suficiente para pagar os impostos de moradia das áreas urbanas dentro da cidade, embora se beneficiassem de viver nas proximidades. Em tempos de guerra, tinham o direito de buscar refúgio dentro da cidade.

Mais ao longe, na fronteira entre os férteis campos e as montanhas e o deserto, estavam os depreciados *hapirus*, as famílias mais pobres da terra, que viviam da criação de pequenos rebanhos de bodes e cabras. Habitando nas estepes, convivendo entre montanhas e desertos, não podiam entrar na cidade, salvo nos dias de feiras livres e nas festas religiosas para oferecer sacrifícios aos deuses e comprar produtos básicos para suas necessidades. Eram considerados os mais miseráveis, levavam o peso da má fama de viver em uma realidade distinta da ordem urbana, por isso eram vistos pelas autoridades como arruaceiros e tratados como estrangeiros desconfiados que não eram muito bem-vindos. Em tempos de guerra, movimento constante na região, as montanhas serviam de abrigo e única proteção para os pastores, suas famílias e seus rebanhos.

É nesta situação social de marginalização que encontramos Abraão e sua família, vivendo mais ao longe, em frente ao grande muro, do lado de fora da cidade, sobre o abrigo do céu estrelado e o calor escaldante da zona intermediária entre o campo e o deserto: as estepes; cuidando de um pequeno rebanho; vivendo da troca de mercadorias com outras famílias mais próximas; e sobrevivendo em meio às dificuldades do ambiente inóspito.

A realidade existencial de Abraão revela-nos, ainda que de forma velada, a descrição bíblica de um projeto espiritual de predileção de Deus pelos pobres e desamparados, lançando as primeiras centelhas de luz dos sinais que manifestarão a chegada do messias-salvador, que, vindo ao mundo no seio de uma pobre família, na humilde cidade de Belém, ilustrou e enriqueceu a tradição popular, mais tarde recebendo os retoques literários da tradição evangélica lucana[4] que narra os eventos proféticos do nascimento do menino Jesus. São os desafortunados pastores de Belém que recebem a primeira *feliz notícia* do nascimento do Salvador. Aqueles que viviam fora dos muros da capital do reino são os primeiros a adentrar na história da encarnação do Filho de Deus, juntos de Maria e seu esposo José.

Abrigado sob a cobertura de peles de bodes bem esticadas, forrada por tecidos grosseiros de tons claros, na humilde tenda,

[4] Cf. Evangelho de Lucas. Capítulo 2.

Abrão, recolhido em seus pensamentos, contemplava as realidades que permeavam sua vida simples, olhando ao longe a pálida luz que vinha da velha cidade entremeada de muros escuros, contrastando com a paisagem. Em seu espírito, cintilava um vivo e inquietante sonho; em seu coração, uma voz familiar se instalava, com cada vez, maior nitidez.

Abrão – ainda não Abraão – era o primogênito de um clã de pastores. Sua esposa era Sarai. Habitavam no clã de seu pai Taré, fora dos muros, na zona periférica. Passavam dias e noites cuidando do rebanho, caminhando em meio às sombras da vida com uma chama ardente no coração.

Abrão, o filho de Taré

Ao chamado do já idoso Taré, reuniram-se na humilde tenda os irmãos Abrão, Nacor e Arã. Sentaram-se no chão, coberto por um tapete de discretos adornos, em volta da mesa de madeira crua, levantada a poucos centímetros de altura, onde estavam organizados de forma meticulosa os pratos e copos de cerâmica cozida, prontos para a refeição. Cada um ocupou seu espaço, deixando o lugar de honra para o ancião. As crianças comiam animadas, reunidas em um canto da tenda, perto da mesa maior. Após lavarem as mãos e fazerem as orações habituais, foram servidos pelas mulheres pão, vinagre, frutas secas, um mingau para ser consumido com queijo de cabra e, eventualmente, algum tipo de carne, de ave ou de caça. Fazia parte também do cardápio peixes secos, ovos, um xarope à base de cevada, lentilhas e mel, além de leite e coalhada, manteiga e azeite. Na mesa não havia fartura, mas sobravam delicadeza e espírito de partilha. Todos comiam com austeridade e singeleza, acolhendo de bom grado a providência divina de cada dia, aprendendo a partilhar da vasilha comum e da boa companhia familiar.

As conversas em torno da mesa eram alegres e demoradas. Ali eram ouvidas as histórias dos primeiros pais e contadas as memórias dos patriarcas Sem e seu pai Noé, singrando as águas do grande dilúvio. Para as crianças, sempre atentas, a analogia da fé acontecia de forma natural. No brilho de seus olhos, a tenda em que habitavam se transformava na grande arca; o patriarca Noé não era mais do que o próprio Taré. O mundo lá fora, com seus uivos e gritos que surgiam do meio da noite, eram as cidades pecadoras, representadas principalmente pela pouco acolhedora cidade de Ur com seus muros negros e suas ruas onde habitavam gênios e demônios de todo tipo.

O brilho no olhar das crianças e a profunda atenção que dispensavam às histórias denunciavam o quão rico e fecundo era o universo infantil, um mundo repleto de tanta beleza e encanto! Carregava consigo uma riqueza de infindáveis experiências que conseguiam transformar todas as coisas em brincadeiras e fantasias. Esse processo de entendimento do mundo, por meio da imaginação e da liberdade de brincar e comungar com a vida, deixou marcas eternas no coração de cada pessoa. A infância deve ser respeitada como um tempo sagrado. Daqui brotarão os aspectos gerais da personalidade. É a grande escola da vida!

Taré ensinou a seus três filhos que eles eram descendentes da linhagem do lendário Noé e do primeiro homem feito por Deus: Adão, o jardineiro, o pai de todos os homens. Assim contava o ancião em meio às refeições da noite, nas conversas alegres e cheias de encanto ao redor da pequena mesa de refeição no ambiente iluminado por toscas lamparinas que fulguravam nos olhos daquela plateia atenta.

Nas noites estreladas, a família reunida se organizava ao redor da fogueira para ouvir as memórias do mais idoso do clã. As crianças eram as que se entregavam com maior curiosidade e singeleza àqueles momentos tão agradáveis. Gostavam de ouvir as histórias dos filhos de Enac, heróis lendários, gigantes, descendentes dos anjos; de arcas feitas de madeira que singravam águas destruidoras, e de como o mal se multiplicou no mundo. Aprendiam desde cedo que o que trouxe a desgraça e a morte para a criação do grande Deus foi a desobediência dos primeiros pais. E que o grito de desobediência ainda ressoava na criação, multiplicando-se de forma descontrolada. Em consequência disso, o jardim de Deus ficou vazio, só restando as marcas dos passos que o primeiro jardineiro deixou quando dele teve de fugir para habitar sob o abrigo de uma casa escura, talhada na pedra, que mais tarde serviu-lhe de túmulo!

Respeitado pela dignidade de ser chefe de um clã, Taré viveu com sua família e seu rebanho nas estepes em uma área que ficava a certa distância do grande muro da cidade. Do lugar onde estavam, era possível observar os rituais religiosos no alto do zigurate e perceber o frenético movimento urbano que não cessava o dia todo.

Mesmo não estando entre os dignitários de Ur, Taré gozava de certo respeito e simpatia. Era visto como um homem humilde, honesto e trabalhador. Ao que parece, Taré não se conformou totalmente à cultura religiosa dos caldeus, mas alimentou uma fé mais próxima de sua condição social, longe dos grandes rituais devocionais do templo local e das atividades cotidianas que envolviam o culto oficial.

O clã de Taré se encontrava afastado dos conchavos políticos e religiosos que ocupavam todo o tempo dos citadinos, que alegremente se entregavam às fofocas e calúnias. A ociosidade urbana revelou um traço cômico, para não dizer dramático: quando não se tinha com o que se ocupar, a vida alheia era a atividade social mais apreciada.

Mesmo tendo que se submeter à ordem local e aos costumes de sua cultura, ao longo dos anos, a necessidade de conseguir novas oportunidades para sua família, aos poucos, fez brotar no coração do velho patriarca o desejo de levar seu rebanho para outras terras. Era característico daqueles povos a rígida estratificação social, ou seja, o que nascia em situação de pobreza teria de lutar a vida inteira, de forma incessante, para sobreviver. Os bem-nascidos, com todas as probabilidades possíveis, deitariam seu último sono em um leito de luxo. Não havia muitas possibilidades de ascensão social, e para os hapirus essa realidade era praticamente impossível.

Como viviam do lado de fora da cidade, gozavam de liberdade religiosa, mas sofriam com a pobreza e um sentimento de que, mesmo sendo obrigados a ofertar uma parte do rebanho como imposto para habitar a terra, não podiam gozar do amparo protetor do estado. Nas periferias o estado só existia para aumentar o fardo dos encargos da vida. Os que viviam ali, estavam sujeitos a outros valores, a outras ordens, distintas das da cidade. O que valia era o princípio do direito consuetudinário, dos costumes morais que adotassem e dos valores éticos que assumissem em suas mútuas relações. A palavra dada tinha mais valor do que compromissos formalizados em documentos.

A percepção emocional de quem vive na periferia, nessas zonas de exclusão humana, nascidas das calçadas de mármore duro, símbolo da ostentação do poder e da tão desejada prosperidade econômica, revela no íntimo da pessoa um vivo sentimento de desamparo, de baixa autoestima e, muitas vezes, até de revolta. O excluído se sente como um abortivo, uma pessoa indesejada, vigiada pelos olhares desconfiados, escondidos por uma mentalidade policialesca, que vê nos pobres e marginalizados não uma deformação da vida social, mas uma consequência de um desígnio divino. Sem nome, sem casa, sem segurança, é um espectro, literalmente um marginal, pois vive à margem dos acontecimentos e da vida hodierna da cidade. O muro, outrora erguido como fronteira física e psicológica, nada mais era do que a manifestação social que revelava os afortunados, que gozavam dos prazeres e das delícias de se viver no interior dessas massas habitacionais calcadas de múltiplas cores, múltiplos cheiros e modismos; servindo também como sinal indicador para determinar a distância em que deviam ficar os pobres e marginalizados.

Com o amadurecimento intelectual, a pessoa excluída, em meio a uma patética resignação, foi percebendo e aceitando a ideia de que não fazia parte daquele mundo e que seria mais feliz aceitando passivamente a exclusão que lhe foi imposta, cujo muro servia como grande marco regulador de seus sonhos e suas desilusões.

Depois que os homens começaram a construir seus muros, a propriedade coletiva se transformou em um bem particular. A partilha das riquezas da terra acabou. Irmãos lutaram contra irmãos para defender o que reivindicavam como sua propriedade particular. Caminhos se fecharam, e a fraternidade agonizou e sucumbiu sendo enterrada fora dos muros. O muro era a fronteira existencial entre o sonho e a vida real!

Porém a liberdade das estepes levou alegria e consolo ao coração daqueles pobres pastores. Andavam sonhando, cantando e, intimamente, alimentando o sonho de um dia possuir um pequeno pedaço de chão para poder viver com tranquilidade e dignidade.

A pobreza não é a fonte geradora das desilusões e frustrações humanas. Vivida com dignidade, fraternidade e justiça, ela se transforma em singeleza, beleza e alegria. Muitos séculos depois de Abraão, um jovem pregador fez ouvir sua voz sobre as montanhas de um pequeno reino, revelando a todos a verdadeira alegria de ser pobre e de como o Eterno Deus ama e acolhe preferencialmente os pequeninos e marginalizados. Os que nada têm serão saciados pelo grande amor do Pai!

Se aqueles pastores das estepes tinham a muralha da cidade como fronteira para delimitar sua passagem, por outro lado, olhavam para as vastas terras e viam o horizonte convidando o coração à transumância – momento em que os rebanhos eram levados para outras regiões em busca de novos pastos.

O pastor era livre! Tinha a alma livre. Vivia do que a natureza lhe oferecia. Não andava em estradas feitas por mãos humanas, nem seguia linhas retas para abreviar sua caminhada. Viveu de descobrir novos caminhos. Seu coração estava sempre em expectativa, buscando no horizonte uma sombra para descansar. Viveu de sonhos que nasciam da liberdade de estar sempre a caminho. Sua fronteira era o dia! Seu descanso era sob o abrigo das brilhantes constelações e do luar apaixonado. Cantava a vida, aprendia desde cedo a celebrar as partidas e louvar as chegadas.

Em suma, tinha o coração dilatado pela liberdade! Estava sempre se pondo a caminho.

Os pastores, diferente dos habitantes da cidade, alimentavam suas próprias devoções religiosas e buscavam a divindade para proteger sua família e seus rebanhos. Aqueles que estavam excluídos de participar do culto oficial dos grandes templos acabaram por desenvolver uma espiritualidade baseada mais na experiência das andanças solitárias das estepes do que em liturgias e rituais empoleirados dos velhos templos. Não sentiam necessidades de teologias, nem de explicações dogmáticas, intermediadas por escribas e xamãs. Viviam e praticavam uma religião familiar; era a *Religião dos Pais* que era vivida e aceita pelos pobres hapirus.

Para aqueles pastores seminômades, Deus era uma realidade concreta, do dia a dia, aquele que conduzia ao que era preciso: capim, sombra e água, proteção e abrigo. Era o Deus que estava junto do povo, fazendo companhia ao longo das jornadas da vida, sendo a mão providencial e protetora. Essa relação de fé, que se estabeleceu entre o ofício próprio dos clãs de pastores e os poderes etéreos da divindade, fortaleceu-se à medida que as gerações foram passando, transmitindo os valores da fé de pai para filho em uma corrente ininterrupta.

Ao longe, o burburinho da cidade provocou a alma dos pobres pastores. Ver a distância os movimentos sociais constantes, as festas, as luzes, a balburdia dos mercados e não poder participar de sua rotina mexeu com o coração, que inquieto se rendeu à tentação de pensar se poder estar ali era sinal de prestígio social, de normalidade? Mas, se for assim, não poder estar ali seria um castigo?

Na balança da consciência, pesava o fato de que viver na cidade era abrir mão da vida livre e itinerante, que permitia peregrinar com liberdade pelos campos e pelas montanhas. Estar preso a uma propriedade sem nunca poder deixá-la, na mentalidade dos pastores irrequietos, seria algo semelhante a caminhar tendo que carregar um peso preso à perna.

O homem construiu seu modelo de segurança em torno da ideia de possuir. A propriedade apenas o aprisionou, pois sempre teve que defendê-la contra os cobiçosos. Esteve sempre preso a ela. Poderia ir ao mais longínquo recanto da terra, mas um dia teria que voltar. Propriedade e identidade se mesclaram de tal forma que uma se substanciou na outra. Em vez de um sobrenome familiar, o homem passou a ser identificado pelo que tem.

Muitas vezes Abrão olhou de sua tenda para a cidade. O que pensava? Como entendia sua situação social? O que, ou quem, queria poder ser o jovem Abrão? Pensava um dia poder obter um título de cidadão e comprar uma pequena casa para viver com sua esposa Sarai por detrás da muralha e gozar das coisas próprias que a cidade oferecia, além da proteção do estado?

Do coração de Abrão nasciam sentimentos estranhos e conflitivos. Ser pastor era mais do que uma profissão, era uma vocação familiar a que Abrão não podia se furtar. Sentia grande alegria em exercer seu ofício com a dignidade de pertencer a um clã. Amava seu trabalho, seus pais, sua gente. Trazia intimamente no coração o orgulho de pertencer àquele pequeno agrupamento de pessoas tão boas, tão dignas. E ainda gozava da consoladora companhia de sua amada esposa Sarai. A vida para o jovem Abrão era um presente, digno do Deus de seus pais.

Intimamente, brotava no espírito do jovem pastor o desejo de poder um dia oferecer a Sarai e à sua família uma vida confortável e segura, em que nasceriam e cresceriam felizes os muitos filhos que teriam, vivendo em uma sociedade organizada e que, a olhos vistos, representava o que havia de normalidade. Abrão via esse desejo estampado no olhar perdido dos companheiros das estepes. A cidade era o suspiro da alma daqueles hapirus. Havia sofrimento e um gosto amargo de resignação viver em uma situação de marginalização.

O que mais o inquietava era o sentimento que descobriu que havia em seu coração; caberia a ele resolver este problema. Como filho primogênito, Abrão carregava nos ombros a responsabilidade de quem herdaria o comando do pequeno clã. De alguma forma, o destino de todos começava a se inclinar para ele. Seu pai já lhe confiava cada vez mais atribuições de comando. Viu-se de repente como o iminente substituto da autoridade patriarcal de Taré.

O que fazer, então? Esperar os sinais que viriam do coração ou esperar a providência vinda do céu?

A cidade, cercada por suas fortes e altas muralhas, convidava aqueles pastores a se afastarem. Não havia ali lugar para eles, nem segurança, nem proteção, nem futuro. Estavam por sua própria sorte. A única realidade que lhes era acessível eram as estepes. Uma terra sem fronteiras!

Em meio à realidade paradoxal, que ao mesmo tempo se apresentou dura, mas também viva e alegre, o pequeno clã foi sacudido por um desastre prematuro, e a ordem familiar se alterou com violência e dor.

O velho Taré foi fortemente abalado pela morte prematura de seu filho mais novo, Arã. Não se sabe do que morreu, nem mesmo em que circunstâncias. Deixou como consolo para o pequeno clã seu único filho, o jovem Ló, que foi adotado pela tribo e, mais tarde, após a morte de Taré, pelo primogênito da família, Abrão.

A paternidade, quando acolhida como dom da vida e fruto de uma graça particular, traz consigo sentimentos ambíguos. Por um lado, o centro da vida familiar se alarga para acolher a nova vida que chega. Os sonhos agora se estendem ao novo indivíduo que vai tomando seu lugar no ambiente social da família. Uma vez ocupado aquele lugar, sua presença vai sendo enraizada na memória emocional e afetiva dos demais membros. A família é naturalmente envolvida e organizada por aqueles indivíduos que estão ali, presentes pela vida, história pessoal, por seus sonhos e sua existência.

Por outro lado, haverá sempre uma sombra negra na órbita emocional dos pais: o medo do sofrimento e da morte dos filhos. Nada na experiência humana é tão doloroso e inquietante como perder alguém que muito se ama, principalmente um filho. A responsabilidade da vida, no inconsciente familiar, nunca deixa de ser dos pais.

O seio que gera não se conforma em enterrar! A alegria dos pais sempre será poder ver os filhos realizados. Eis o prêmio do mistério da graça da paternidade/maternidade.

Na ordem natural da vida, os filhos é que devem enterrar seus pais. Quando essa ordem se inverte, é sinal de que houve uma ruptura, algo saiu dos trilhos da lógica existencial; para piorar, os povos antigos consideravam esse fato uma maldição.

Afora o aspecto cultural, vinha o sofrimento desmedido. Com a morte de um descendente, morrem também sonhos, esperanças, e o vazio se instala, ocupando o lugar daquele que se foi. É um desastre familiar de proporções desmensuradas. Nunca o homem é tão pobre como diante da morte. Para os que ficam, o lamento, a dor, e a sensação de completa inutilidade. E, no meio da aflição, se instala a reflexão sobre o valor da vida e seu sentido último. Quem, diante do desastre, não pensa sobre a vida, sobre o que vem depois? São gritos da alma, que chegam às fronteiras da loucura.

A amargura causada pela morte inesperada de seu filho caçula fez brotar no coração de Taré, em meio às angústias próprias de quem se viu subitamente envolvido pela visita indesejada do infortúnio, a convicção de que chegara a hora de mudar de ares. Recomeçar era preciso! E nada como uma longa e nova jornada para dar início a um novo tempo.

Juntando as forças que sobraram após a dolorosa partida do jovem Arã, Taré, recolhido em um canto da tenda, meditou solitário, discernindo o destino de seu clã.

Notícias alvissareiras que chegavam das terras de Harã, ao norte, fizeram crescer no coração do ancião o desejo de partir para lá, em busca de um novo lar, de novas oportunidades para seus dois filhos e suas famílias. Talvez surgiriam sinais de uma bênção maior para o clã. Ser pobre aqui ou ali não faria diferença. Mas o novo caminho poderia ser fonte de renovação, de revigorar os sonhos juvenis outrora enterrados pela dura pedra cinzelada da negra muralha de Ur.

A face pálida e já envelhecida de Taré escondia o olhar marejado, que se dirigia com ternura para seus filhos. Tinha pena da condição em que viviam, percebia que nutriam sonhos que ali, nas estepes de Ur, jamais conseguiriam realizar. Desejava poder ser enterrado por seus três únicos descendentes. Alimentou por uma vida inteira o ideal de viverem sempre juntos, felizes e prósperos.

Não queria a riqueza, somente o que a vida poderia oferecer de agradável e, quem sabe, um pouco de conforto.

Era preciso continuar, a peregrinação não havia acabado. Ainda tinha o clã que precisava do cajado do chefe para continuar a caminhada. Todos tinham os olhos fixos na decisão do patriarca. Iriam com ele para qualquer canto da extensa terra. Eles eram sua única propriedade, e ele – Taré – a única voz de autoridade, segurança e esperança que tinham.

Assim, reunindo os bens do pequeno clã, juntaram o rebanho, desmontaram as tendas de campanha e, com suas mulheres, crianças e os poucos servos, montaram em animais de carga os mais fracos, dividindo espaço com as bagagens, enquanto os homens seguravam as ameias dos animais para conduzir a pequena família itinerante a novas terras. Partiram para habitar longe do grande muro de Ur, em terras de novos horizontes. Levavam no coração sonhos e renovadas esperanças e, também, o medo e as incertezas quanto ao futuro.

Deixavam para trás as lembranças de uma terra cheia de bons amigos, dos pastores com quem partilhavam a dura rotina das estepes, dos parentes e tantos conhecidos. Semeando os primeiros passos da longa jornada com as lágrimas que rolavam pelos rostos, o peito apertado pela dor da partida, aquele pequeno clã seguiu seu destino, distribuindo abraços aos pastores que encontrava pelo caminho, estáticos como estátuas, esperando-os passar para dar o derradeiro adeus.

Na terra onde cresceram tantas expectativas, o que restou foi o humilde túmulo do querido filho Arã, que ficou na companhia de todos os momentos alegres vividos pela pequena família naquela terra de Ur.

A peregrinação

Desinstalar-se nunca é fácil. Ao contrário, pode ser até traumático. Leva o coração a um estado de suspensão permanente: como será? O que nos espera? O que encontraremos? Quais os riscos que teremos que correr? Haverá realmente jardins floridos à nossa espera ou somente cardos e espinhos?

Esse estado de ânimo dos peregrinos beira à obsessão. Não se para de lembrar do que ficou para trás e deixa-se o coração em estado de sobressalto quanto ao que há de vir! Vivem-se uma tensão psicológica desmedida, uma necessidade basilar de romper com o passado para ter forças para acolher o novo.

O homem, este ser tão inquieto, desde que abandonou a vida nômade, aprendeu a enraizar-se afetivo/socialmente no lugar em que vive. Criou laços tão profundos com o ambiente de onde veio, que sua própria identidade só encontrou substância no lugar onde suas raízes foram plantadas. É muito custoso a uma pessoa abandonar seu mundo para enveredar por caminhos que são construídos em cima de medos, perseguições, fome ou necessidade de encontrar um novo sentido para viver.

Os que estão plantados em sua terra olham, com certo desprezo, desconfiança ou indiferença, a árdua realidade que têm de enfrentar os imigrantes. Deslocados de sua terra, em busca de melhores condições para continuar vivendo, são vítimas de um processo de afastamento de suas raízes sociais, à força. Geralmente são apontados como indivíduos que fracassaram em suas terras natais e que chegaram para espoliar os autênticos proprietários.

No meio desse encontro entre autóctones e estrangeiros, há uma tensão social e cultural que se manifesta, muitas vezes, em forma de resistência e violência. Somente a alteridade social é capaz de superar o drama que extinguiu a fraternidade social dos locais de origem dos imigrantes.

Para quem está familiarizado com a vida errante do deserto, peregrinar por novos caminhos é também motivo de alegria. E aquela família itinerante já estava acostumada aos caminhos do deserto e das montanhas. Logo, o clima de tristeza deu lugar a conversas alegres, e, sutilmente, a viagem foi trazendo consolo e esperança.

Apesar de ser uma família pacífica, modesta e de gente simples e humilde, a viagem demandava cuidados, pois eram comuns os contratempos causados por grupos de saqueadores que rondavam sempre os caminhos das caravanas em busca de algum espólio.

O pequeno clã de Taré enfrentou com tenacidade a primeira grande peregrinação familiar. Deixou para trás as raízes culturais dos seus antepassados e um sentimento de resignação quanto à rudeza com que foram tratados em sua terra natal.

A transumância era comum para eles, mas nunca tinham ido tão longe, nem de forma definitiva! Agora, a mudança era mais radical. Entramos aqui na perspectiva dos imigrantes que precisam abandonar tudo em busca de novas oportunidades, de segurança familiar e de futuro. A grande crise se instala na saudade do que fica para trás, nas origens culturais e sociais que precisam ser deixadas para se seguir em frente.

Como construir o novo sem se despojar da identidade cultural e familiar que se traz no mais íntimo do coração? E como associar esse diálogo do velho com o novo? O coração anseia pela novidade da vida, mas morre de medo de perder o que já tem.

É necessário um ajuste de valores surgidos de uma tomada de consciência de que é possível construir uma nova morada e adorná-la com os móveis antigos, desde que o velho não se sobreponha ao novo de tal forma a esvaziar o sentido da novidade. Nem um, nem o outro podem perder seu lugar na jornada do peregrino. Há espaço para a relação entre o novo e o velho, basta conciliá-los. E a melhor forma de conciliá-los é por meio de uma atitude de humildade, acolhida e gratidão.

☙

No passo lento da caravana, a paisagem local, o encontro com outros caravaneiros, os oásis de palmeiras, convidando ao descanso, ajudavam a mitigar a mudança tão radical. Tendo à frente o experiente e carismático Taré, a viagem fluiu com tranquilidade.

A presença do patriarca, à frente do clã na longa jornada, fazia resplandecer nos companheiros um vivo sentimento de segurança. Aos olhos daquela pequena procissão, Taré parecia ter o controle de tudo. Todos olhavam para o ancião e contemplavam em sua figura a força do patriarca Noé, guiando sua família pelo mundo em busca de águas calmas e uma terra para habitar.

Havia mesmo em Taré uma forte resolução de seguir em frente. Seus filhos viam no pai um homem de uma mística profunda, um homem espiritualizado pela vida e amigo de seu Deus. Era comum encontrarem-no orando. Suas decisões apoiavam-se sempre em um sentimento dado por Deus ao seu coração. Taré era um legítimo peregrino de Deus.

Ele ensinava a seus filhos que o peregrino é sempre um humilde, e o humilde é sempre um coração peregrino, sem lar, sem terra, sem identidade. Vive de se pôr a caminho, com a bagagem cheia de sonhos, e no coração, o ardor de uma chama, o desejo impetuoso de chegar sempre ao novo, sempre mais ao longe. Desenraizado de seu lugar comum, transforma o mundo em seu quintal e vive de suspirar por novas estradas.

Quanto demoraria uma viagem como aquela, feita a passos lentos, respeitando a presença das mulheres e crianças? Os homens tendo que caminhar puxando os animais de carga, enquanto outros conduzem em paciente ordem o rebanho?

A distância entre as regiões era longa para a época. O clã itinerante de Taré deve ter percorrido aproximadamente quatrocentos quilômetros, entre desertos, planícies, montanhas e pequenas vilas. O deslocamento era lento, e as paradas, frequentes.

De qualquer forma, a solidão da viagem permitiu ao clã fazer a experiência da fé. A religião dos pastores era mais empírica do que ritualística. Acreditavam no que sua percepção de moradores do deserto oferecia. Sua mística consistia em entender Deus como *Aquele* que provê as necessidades básicas do clã: proteção, terra, pastos e água!

Era uma espiritualidade marcada pelo cotidiano da vida, vivida no chão barroso da terra, nas pegadas dos caminhos do rebanho. Deus é a companhia daqueles que não têm a segurança de um lar acolhedor onde possam passar uma noite de sono.

Assim Abrão aprendeu de seu venerável pai que eles podiam contar com um Deus, que lhes proporcionava o que precisavam e que seu culto se realizava por meio de preces de gratidão e oferendas de pequenos sacrifícios para proteger os rebanhos das pragas e dos demônios do deserto. Aprendeu que Deus é o Senhor mais poderoso e honrado do que os reis e sacerdotes de todo os lugares. Que, mesmo sendo Senhor, é amigo e companheiro. Que não recusa ouvir o coração quando este o busca de verdade. E que, no silêncio e no recolhimento, acontece o encontro do homem de fé com o Deus da vida.

Observando a vida de Taré e sua forte e íntima devoção a Deus, Abrão aprendeu que o Eterno é o Pai de todos os pastores, modelo mais puro e perfeito do ofício a que o clã se dedicava e de onde tiravam o sustento. O verdadeiro pastor era o Deus de Taré.

Como era costume naquela época, todo chefe de família tinha de, entre os diversos afazeres, zelar pela memória cultural do clã e realizar a catequese familiar. Taré foi o grande catequista da fé de sua família. Cumpria bem o papel de pai e cabeça de um clã: transmitir os expedientes da fé e ensinar o culto à divindade familiar. Por isso a religião primitiva dos patriarcas será sempre a *Religião dos Pais*[5].

Cabia, pois, aos descendentes salvaguardar a religião dos pais e realizar o memorial da fé. O povo de Israel viveu isso com notável austeridade, sempre voltando às fontes da espiritualidade após períodos de crise de infidelidade e catástrofes nacionais. Assim também os cristãos olharam sempre para os primeiros pais na nova fé, para encontrarem caminhos de unidade com a mensagem do Evangelho e atualizarem, a cada ciclo litúrgico, a presença mística do ressuscitado por meio da celebração do mistério da fé.

São os pais – pai e mãe – que devem assumir, em primeiro lugar, a missão capital de transmitir os valores da fé aos filhos e, com seu exemplo e seus ensinamentos, manter o vínculo da uniformidade da fé para as gerações mais novas. Assim, perpetua-se na família a sublime missão de ser transmissora de valores e de vida.

Quem era o Deus de Taré?

A tradição nos deixou um grande ensinamento sobre o valor da formação familiar da fé para os primeiros pais. Podemos pressupor, objetivamente, que a fé de Abrão encontrou suas mais profundas raízes na transmissão de fé que seu pai lhe transmitiu.

Como era pastor por vocação familiar, as origens da religiosidade de Taré estavam fincadas no solo fértil das tradições que passavam de geração em geração. Os pastores do oriente viviam de forma simples as manifestações próprias de sua espiritualidade e tinham como mística o relacionamento com o *Deus da Campina,*

[5] Deus falando a Moisés no deserto: "Eu sou o Deus de *teus pais*, o Deus de Abraão, de Isaac e de Jacó". Livro do Êxodo, Cap. 3,6.

que providencia o necessário para a vida. É o Senhor que *caminha conosco pelas estepes* e que providencia o capim, a água e a proteção pelos caminhos.

Porém, nem todos desenvolveram essa relação pessoal com Deus. Para a maioria a divindade que cultuava estava ligada ao ofício próprio de pastor e aceitava a existência de outras divindades protetoras das demais profissões. A grande diferença se deu na relação que o clã de Taré estabeleceu com Deus. Se existissem outros deuses, isso era alheio ao modo simples como aceitaram viver sob a proteção do Deus verdadeiro.

A vida de oração, caridade e justiça, que irradiou da tenda de Taré, permitiu ao clã fazer uma experiência singular da presença amorosa do Senhor em suas vidas. Não que essa experiência fosse fruto do esforço e da vida ascética do homem, isto era graça, gratuidade e mistério. A questão é que Deus quis escolher um tempo, um lugar e uma pessoa para manifestar seu projeto de salvação. Mas é certo que a providência divina, por um processo de pura liberdade, utilizou-se da religiosidade de Taré para lançar os fundamentos mais essenciais da fé de Abrão.

Não foi por acaso que Abrão acolheu a espiritualidade dos pastores. Ele viu, testemunhou concretamente a gratuidade da fé de seu pai. Foi uma percepção fenomenológica, empírica, repleta de sentido, que o fez aderir com vigor esse caminho de encontro e intimidade com o Senhor.

Quando Abrão ouviu pela primeira vez a voz de Deus, foi por meio da voz de seu pai. Era o pai quem possuía a autoridade de intermediar a vontade divina. Como Taré sempre evocou a misericórdia e a justiça, a piedade e a caridade em sua vida, registrou com letras eternas, no coração de seus filhos, o Deus amoroso, justo e santo em que acreditava.

No entanto, o coração que Deus escolheu para plenificar sua aliança na história bíblica foi sem dúvida alguma o de Abrão.

A espiritualidade vivida por Taré teve uma perspectiva mais próxima de um Deus pessoal, amável e que permitiu ser encontrado e invocado sem necessidade de intermediários oficiais ou cultos sofisticados. Cabia ao chefe do clã realizar as preces e orações e as pequenas ofertas votivas, como para o sacrifício da transumância.

Depois, essa responsabilidade passava ao primogênito, e assim por diante. Dessa forma, mantinha-se viva a tradição da *Religião dos Pais,* e a herança cultural da fé ficava perpetuada na própria identidade da família.

Harã

Na época de Abrão, Harã era uma grande cidade. Localizada a noroeste da Mesopotâmia, gozava de certa estabilidade política e de muitas pastagens. Formada por uma população que se destacava à arte do comércio, era famosa por ter um povo com uma vocação particular para o negócio de caravanas. Sua divisa territorial fazia fronteira com as margens mais ao norte dos vales que desembocavam na terra de Canaã, região costeira e rota principal para o caminho do Egito e da Assíria, as duas principais potências militares e econômicas daquele espaço geográfico.

O texto bíblico não nos oferece indicações de onde teria se estabelecido o clã itinerante de Taré, nem quanto tempo permaneceu lá. Mas Harã foi, sem sombra de dúvidas, o lugar onde Abrão viveu a ruptura definitiva com sua antiga terra e sua vida pregressa.

A chegada dos viajantes não deve ter despertado a atenção, embora sempre se suspeitasse dos imigrantes por causa das constantes disputas que existiam entre os grandes impérios pelo controle das rotas comerciais. Harã, como estava situada em uma região privilegiada para o comércio de mercadorias, tinha suas autoridades locais sempre sobressaltadas e atentas a algum movimento anormal de grupos que se instalavam nas imediações da área urbana.

Era de fato uma das mais prósperas cidades que integravam o chamado "Cinturão Verde", área menos castigada pelo deserto e propícia à vida urbana. Seu florescente comércio e sua posição geográfica, ligando as três grandes potências econômicas e militares da época, Egito, Assíria e Babilônia, legavam-lhe fama e grande prosperidade.

Naquele período as caravanas eram muito frequentes, e a convivência com caravaneiros comerciantes e viajantes que buscavam novas oportunidades na região era muito comum. De qualquer forma, quando a família de Taré se instalou no novo país, com certeza foi nas mesmas condições em que viviam em Ur, na fronteira entre os campos de plantações e as estepes. Viveu na periferia, fora dos muros da cidade. Deve ter, em um primeiro momento, buscado abrigo em alguma encosta próxima à cidade, com o intuito de se associar à nova cultura local.

A língua que aqueles povos utilizavam era o arameu, um dialeto comum às regiões do oriente. Esse fato facilitou bastante o processo de fixação do clã de Ur na nova cidade. Os habitantes de Harã tinham no comércio de mercadorias sua maior riqueza, e seus mercados eram famosos pelos excessos de artigos de luxo que comerciavam com povos de todas as regiões próximas. A cidade era uma miscelânea de gente de toda parte. Tinham, porém, uma coisa em comum: a língua.

Logo o novo grupo se sedimentou na terra. Começou timidamente a entrar na cidade e negociar algumas quinquilharias. Em alguns dias já tinham os primeiros companheiros de profissão e passaram a perambular pelos arredores na zona de pastagem para conhecerem a terra e o melhor lugar para se fixarem de forma definitiva.

Poucas estações depois, quando nem tinham ainda conseguido consolidar sua presença no meio daquela gente, o texto bíblico aponta uma mudança no clã. Taré, já bem idoso, foi acometido por uma enfermidade. Novamente o clã viveu a dolorosa experiência da despedida definitiva. Morreu o carismático patriarca, o nono descendente do tronco familiar do lendário Noé.

A morte do pai de família era um momento de extrema mudança e de grande sofrimento. Como a sociedade se organizava em torno do núcleo familiar e o pai exercia a função de um *pater potestá,* todas as decisões, o laço que unia o clã, o controle sobre os bens, a voz que decidia as querelas, tudo estava sob a autoridade do pai. À mulher cabia um papel social e familiar de menor valor: cuidava da casa e dos bens domésticos; era responsável pelo preparo dos alimentos; e era a quem cabia servir a mesa quando a família se reunia em torno do pai. Tinha um papel secundário com relação ao seu marido que, ao mesmo tempo, era seu senhor. Era atributo do pai de família ser o senhor de sua casa, prover as necessidades e dirigir os negócios familiares.

Essa cultura patriarcal realçava o caráter afetivo dos filhos com relação aos seus pais. O pai; era o senhor absoluto da casa, e todos da família eram muito devotados à sua presença. Havia um verdadeiro clima de veneração pela pessoa do pai; o centro familiar girava em torno de sua figura. O clã tinha a compreensão de que a divindade falava por intermédio do pai, que era o responsável pela transmissão das vontades divinas e pela interpretação de seus desígnios. Não se questionavam as vontades do chefe do clã nem se resistia a elas.

A morte de Taré fez florescer uma dor profunda nos membros daquela pequena tribo. Misturada à dor da perda, estava a necessidade de entender que, com a morte de Taré, o clã deveria assumir um novo rumo. Agora, chegara o tempo de viver uma nova fase.

Quando se perde alguém que muito se ama, por quem se tem profunda devoção e respeito, que era o condutor dos destinos de todos os membros da casa e com quem se mantinha laços de dependência afetiva, surge em cada um dos membros da família sentimentos de incerteza que beiram o desespero. Toda a organização familiar que sustentava aquela casa ruiu na desgraça da morte do chefe. Passado o choque da perda, era preciso que fosse instaurada uma nova ordem na chefia do clã.

Além disso, quando vemos a morte alcançando membros da família, automaticamente passamos a compreender que a contingência da vida começa também a nos atingir. Passa-se do desespero inicial a uma postura de resignação. A fatalidade baterá todos os dias à porta do coração. Sobressalto e desamparo parecem gritar mais alto que a esperança. O sonho é violentamente desperto. Estamos inexoravelmente nas mãos do destino.

O fio de ouro do drama que se manifesta no centro do coração nesses momentos de dor é a necessidade que trazemos de perpetuação; de modo geral, não queremos que ninguém morra, porque nós mesmos tememos esse momento tão sombrio da vida. Porém a morte é uma realidade natural e impositiva, que tem um aspecto revelador e eterno. É o ciclo da vida, um ordenamento natural e necessário.

Com a morte de Taré, caberia agora ao primogênito assumir a direção do clã.

Na caminhada simples e rotineira de um clã de pastores, o que permitia mudanças e novos rumos era a situação hierárquica. O centro do clã era ocupado pelo chefe, geralmente o pai. Enquanto vivia, todos os filhos estavam ao redor dele. Uma vez desaparecida a figura do pai, assumia a condução da tribo o seu filho primogênito. A partir da sucessão, os demais irmãos tinham o direito de formar seus próprios clãs, se quisessem. Não estavam mais ligados por laços de dependência ao irmão mais velho. Podiam seguir seus próprios caminhos.

Abrão era o primogênito de Taré, aquele que recebeu a missão de guiar a pequena tribo. Não demorou para ter que enfrentar uma nova e inusitada situação: certa noite, quando se encontrava mergulhado em seus pensamentos, contemplou o luar sereno e quieto, lembrando seu saudoso pai. Foi subitamente visitado por uma *Voz* interior que ressoou em seu coração com muita familiaridade!

– Sai de tua terra [Abrão], de tua parentela e da casa de teu pai, para a terra que te mostrarei. Eu farei de ti um grande povo, eu te abençoarei, engrandecerei teu nome; serás uma [fonte] bênção!

E, continuou:

– Abençoarei os que te abençoarem, amaldiçoarei os que te amaldiçoarem. Por ti serão benditos todos os clãs da terra.[6]

Essa foi a primeira vez que Abrão experimentou ouvir o Eterno.

O que se passara? Entremos no átrio interior de Abrão para sondar o íntimo de seu coração: a morte de Taré no novo país parecia ser um mau presságio para Abrão. Sentindo-se profundamente comovido pela partida do pai, seu coração foi tomado por um sentimento de desamparo. A quem recorrer agora? Onde buscar consolo e abrigo? Que capacidade teria para guiar o seu clã? Como deveria tratar com Nacor e sua família, que também faziam parte daquele clã? E Ló, como ficaria, quem cuidaria dele? Logo agora, que uma nova situação parecia renovar as oportunidades que tanto buscavam! Será que a tragédia alcançou de vez aquele clã e resolveu ficar?

Pensaria também em sua amada esposa Sarai, que não lhe pôde dar um filho sequer. Onde poderiam encontrar um lugar tranqui-

[6] Cf. Gênesis 12,1-3.

lo para poderem viver em paz? Como viveriam sem filhos? E, se morresse, como Sarai viveria?

Abrão sentia no coração que a difícil decisão tomada por seu pai de partir para outra terra também era uma maneira de preservar a imagem e o prestígio de seu filho primogênito. A esterilidade era sinal de maldição! E a agudeza tão sensível de Taré devia fazer com que ele carregasse no íntimo essa aflição, sofrendo em silêncio a ignomínia que Abrão e Sarai carregavam por causa dessa situação tão vexatória. Em vez de ver seu filho vivendo humilhado, preferiu buscar um novo território para viver. Talvez lá, o seio de Sarai pudesse ser abençoado e gerasse descendência para o clã.

Os pais sempre choram as lágrimas dos filhos. O amor vive de desinstalar quem ama.

Aquela voz alcançou Abrão no momento em que uma crise interior se instalava como uma força destruidora em sua alma. Estava ele rezando ao Deus de seu pai? Pedindo luz e direção?

O que se sabe é que, quando todas as estruturas de sustentação que mantêm uma pessoa voltada para si mesma e para o mundo desmoronam, o que sobra é o vazio. E é nesse vazio que Deus vem visitar o coração.

Quando o coração consegue calar os gritos de dor que brotam do fundo da alma nos momentos de crise e abatimento, pode, então, ser envolvido pela doçura e leveza da presença do Eterno.

Deus é aquele que está sempre povoando o coração solitário, acendendo luzes onde os olhos só veem trevas, apontando caminhos aos peregrinos perdidos nas veredas da vida.

Foi assim que o Altíssimo encontrou também aquele coração solitário: sonhando à entrada da humilde tenda, dialogando com seu coração sedento de respostas, suspirando por novos caminhos.

Abrão, mesmo sem entender, queria ardentemente Deus naquela noite. E Deus queria Abrão, eternamente.

Estava nascendo naquele momento o fruto que germinava de uma semente que fora lançada em terra muito boa. A vida interior, que Taré ensinou tanto a seus filhos buscarem, gerou uma espiritualidade fecunda no coração de Abrão. Fiel como era aos ensinamentos e exemplos de seu pai, buscou desde cedo seguir os caminhos aprendidos e assumiu, em sua nova condição, a responsabilidade de ouvir o Eterno.

Na voz que ouvira no coração, registrou, não sem perturbação, as palavras sair, povo, bênção. Desinstalar-se novamente, o clã seria um grande povo e haveria uma bênção para todos eles.

Seria isso mesmo? Ou somente delírios de um instante de oração?

CAPÍTULO II

SHADDAI

Abrão aprendeu cedo com seu pai que os pastores eram protegidos pelo Deus da Campina, Senhor das Estepes, que lhes providenciava capim e água, e que o culto a este Deus não estava preso aos rituais dos templos da cidade. Deus devia ser adorado ali, no lugar mesmo onde se manifestava.

Mas quem era esse Deus dos pastores? Como seria seu culto, no santuário do deserto em meio ao tédio e a solidão?

Para compreendermos o significado da relação do crente com o Deus da Bíblia, particularmente para a cultura dos habitantes do antigo oriente, devemos partir de uma reflexão ontológica. Quando o povo invoca o *nome* de Deus na perspectiva dos textos veterotestamentários, o sentido místico da fé liga o *nome* de Deus ao seu *projeto*. Não se concebe o nome sem que este traga na memória litúrgica o projeto que aquela divindade representa. Nome e projeto estão tão amalgamados que se consubstancia um no outro.

Alguns estudiosos utilizaram uma analogia mais simples para explicar esse fenômeno: a analogia da moeda. A moeda é uma liga metálica que tem duas faces em um mesmo corpo. Ela pode ser produzida por um único metal ou uma mistura de metais que lhe dão valor. Sua identidade está em ambas as faces. De um lado o nome que identifica a origem daquela moeda (representada por meio de uma figura ou representação subscrita) e, do outro, o símbolo ou número que representa o valor que lhe é devido. Faz parte da identidade da moeda as informações básicas que a distingam das demais. Somente assim ela adquire o valor de utilidade. Pelo método da aproximação, podemos entender os vários nomes que são atribuídos a Deus na Bíblia. Por um lado, o nome, do outro, o projeto. Ambos encadeados em uma mesma realidade.[7]

Quando apresenta seu nome a um dado personagem e em um determinado momento da história do povo de Israel, traz com ele seu projeto. Em uma face o Nome, na outra, o Projeto que aquele nome representa. É o Deus que age, que cria, que é dinâmico. Mais do que um nome pessoal, tem-se um projeto de revelação que traz uma reposta direta às necessidades e lutas que o povo está vivendo.

Ou seja, a percepção espiritual do crente nas sagradas escrituras indica uma relação com o sagrado a partir do chão da realidade. Deus é Aquele que está a caminho com a comunidade hoje! Ele se manifesta na vida pessoal e comunitária de forma presente enquanto pessoa, tempo e contexto.

Não é que sejam vários deuses ou várias caricaturas de deus percebidas por causa das necessidades impostas pela vida em cada momento da história sagrada, mas é um processo muito dinâmico e, até, muito sensível para a mentalidade daqueles povos. Por isso a fecundidade espiritual dessa relação de Deus com o povo eleito.

Enquanto as outras religiões do mundo antigo tinham suas estruturas doutrinais consolidadas sobre a inalterância das formas de culto e das relações monolíticas e estáticas com as divindades que cultuavam, a revelação que surge no contexto das Sagradas

[7] Deus se apresentou a Moisés como Iahweh ou IHWH (cf. Êx 3,6). Já Jesus de Nazaré o declarava Abba – Papaizinho (cf. Mc 14,36).

Escrituras mostra-se muito vivaz. À medida da contingência histórica, a relação do crente com o sagrado vai se atualizando de acordo com as demandas que surgem no processo da caminhada de formação da consciência mística do povo. Deus vai ocupando paulatinamente seu lugar na história concreta, revelando seu novo *nome/projeto* de forma que o povo tenha cada vez maior consciência de sua presença e ação, apresentadas em forma de um compromisso mútuo, que na Bíblia é denominado de *Aliança*.

De fato, o nome de Deus representa não apenas uma identidade pessoal, como também traz implícito ao nome histórico seu projeto de vida e o culto litúrgico que apresenta e exige para seu povo cumprir. É a revelação de uma espiritualidade que vai caminhando e se desvelando aos poucos, até atingir o panorama espiritual máximo com a denominação de Deus como o *Abba* – o Papaizinho querido.

Nas Sagradas Escrituras, não há formas engessadas pelas necessidades cultuais ou devocionais que vêm do povo e da religião oficial, no esforço de consolidar uma herança religiosa baseada na perpetuação do rito e do culto. Como o povo de Israel era formado por um grupo de clãs tribais, havia certa tolerância com as práticas religiosas que aconteciam nos santuários locais, longe do culto oficial do templo de Jerusalém. Enquanto na capital do reino os religiosos definiam dogmaticamente a sacralidade do nome de Deus e impunham um severo ritual de devoção ao Santíssimo Nome representado pelo tetragrama IHWH, nas periferias, onde os santuários tribais funcionavam a pleno vapor, o povo podia invocar o nome de Deus de forma variada, como El, Adonai ou Elohim. E isso era sabido e tolerado.

Esse é o fenômeno que atesta a memória cultural das tribos. Possibilitava ao povo manter um vínculo de unidade nacional e, ao mesmo tempo, garantir a transmissão da herança cultural da fé para as gerações futuras. Era uma forma de manutenção do *status quo* dos santuários locais que serviam como centro catalizador da vida comunitária, da conservação da identidade enquanto tradição tribal.

Por isso a existência de tantos denominativos atribuídos a Deus nos escritos originais das Sagradas Escrituras.

Quem está por trás da voz que Abrão ouviu? Qual seria seu projeto? Em que consistiria seu culto?

Em meio às sombras do caminho, as fontes da pesquisa histórica revelaram um antigo costume comum aos grupos tribais que habitavam as estepes: segundo antigas tradições, aqueles pastores, desde datas imemoriais, tinham uma forte crença no poder malévolo de *Mashit*, um demônio do deserto que atacava os rebanhos com pragas e doenças, outras vezes podia tomar a forma de predadores que colocavam em risco os rebanhos. Para se proteger das investidas de *Mashit* durante a transumância, os pastores ofereciam uma cria a Shaddai, sacrificando um animal do rebanho, e, tomando de seu sangue, aspergiam os umbrais das tendas e os lugares de descanso.

A aspersão do sangue da vítima sobre os umbrais das tendas e nos currais servia para demarcar o lugar sagrado, protegido pela divindade, selado pelo sangue oferecido ao protetor Shaddai. A propriedade salvaguardada pelo sangue da vítima estava protegida dos malefícios de Mashit. Essa era uma crença muito difundida entre as comunidades nômades de pastores.

Seis séculos mais tarde, quando o povo descendente de Abrão lutava para se libertar do jugo egípcio, foi a tradição pastoril de se oferecer uma ovelha a Deus e aspergir o sangue do sacrifício nos umbrais das casas/tendas, que formou a tradição litúrgica primitiva da Páscoa, dando, dessa forma, um novo sentido para a tradição, agora sob uma nova e dramática situação de libertação.

As primeiras comunidades cristãs interpretaram à luz de sua fé o sacrifício pascal do Êxodo, como prenúncio do sacrifício de Jesus Cristo na cruz, mistério não mais de libertação, mas de salvação universal.

A antiga tradição, iniciada pelos humildes pastores nômades das estepes, foi a raiz que gerou e deu sentido para o culto litúrgico da páscoa judaica e desembocou na plenitude salvífica da Paixão de Cristo, que se ofereceu uma vez por todas como "o Cordeiro de Deus, que tira o pecado do mundo".[8]

ᘛ

Os patriarcas de quem descendia Abrão cultuavam um Deus a quem chamavam de Shaddai, o *Deus das Estepes*. Na mentalidade patriarcal era compreendido como o *Deus que caminha comigo* ou, em sua forma mais primitiva, *o Senhor da campina*. Era o Deus dos pobres pastores, aquele que caminha sempre com os solitários peregrinos pelas montanhas e desertos. É Shaddai, aquele que protege os rebanhos contra o covarde Mashit.

Em certo momento, aquela voz se revelou a Abrão:

– Eu sou Shaddai.[9]

Um olhar mais cauteloso, leva o leitor a se deter aqui e verificar uma realidade que parece contraditória na dinâmica narrativa: nas Sagradas Escrituras, lê-se que Deus se apresentou nos primeiros capítulos a Abrão como Iahweh (do tetragrama IHWH) e, somente mais tarde, denominou-se El Shaddai? A contradição reside no fato de que somente mais tarde Deus irá se apresentar a Moisés como Iahweh – IHWH.

---

[8] Isaías 53. Citado também no Evangelho segundo São João, nos episódios narrativos da pregação de João Batista (cf. Jo 1,29).

[9] Cf. Gn 17,1.

Qual seria a solução adequada para entendermos esse fato peculiar, que tem o peso fenomenológico da relação Nome-Projeto? O Deus de Abraão foi denominado sob qual nome?

Alguns biblistas sustentavam a ideia de que haveria ocorrido uma espécie de deslize literário no momento de fixar por escrito as tradições sobre Abraão, um erro do copista que, por descuido ou displicência, misturou os nomes divinos sem se atentar à sua fórmula de identidade. Fato é que há uma variedade de nomes próprios nos textos veterotestamentários atribuídos a Deus.

Esse entrelaçamento de nomes e de manifestações de Deus na história do povo de Israel foi objeto de debates apaixonados, que só poderemos entender um pouco melhor avançando para as irrequietas análises da exegese bíblica. Durante várias décadas, exegetas de numerosas nacionalidades se debruçaram sobre essa questão[10], ainda que nunca tenham chegado a um entendimento definitivo sobre a questão. A teoria mais aceita e que, metodologicamente, mais se aproximou da matriz do pensamento literário que definiu os textos da Lei é a que define a formação da *Torah* (em grego Pentateuco, os cinco primeiros livros da Bíblia: Gênesis, Êxodo, Levítico, Números e Deuteronômio, que formam a base espiritual da religião de Israel), que teria sido formada primitivamente por, pelo menos, quatro diferentes fontes espirituais ou tradições literárias. Essas tradições ou fontes, de origens diversas, cronologicamente díspares e produzidas em contextos históricos distintos, são: a "Javista" (J), fundamentada na doutrina dos clérigos do grande Templo de Jerusalém, representava a tradição oficial do reino e invocava Deus como Iahweh; a "Eloísta" (E), de cunho mais popular, invocava Deus como Elohin-Adonai, mas também aceitava o nome de Shaddai e El (Deus Altíssimo, o nome mais primitivo de Deus, de origem cananeia); além de duas outras tradições mais tardias que foram a "Deuteronomis-

[10] No próprio comentário introdutório da Bíblia de Jerusalém (nova edição, revista e ampliada), encontramos uma nota sobre esse debate.

ta" (D), atribuída ao movimento de reorganização do povo de Israel após a invasão babilônica no século V, tendo à frente o grande profeta Jeremias e as comunidades proféticas dos discípulos de Amós e Oseias. Fizeram uma releitura catequética da história do povo; por fim, a fonte sacerdotal "Priestecodex" (P), que tem como núcleo o Código Sacerdotal e que realizou a síntese entre as demais fontes no período em que viveu o sacerdote Esdras, que iniciou o movimento, por volta do século V a.C.

Anos mais tarde, em um movimento que demandou muito esforço e coragem, essas fontes se amalgamaram tão profundamente, que várias passagens ficaram marcadas pelas dissonâncias de nomes ou narrativas, com textos retocados e ampliados, repetições ou inserções, visando facilitar a catequese religiosa e a unidade da mensagem final.

A história de Abraão teve um núcleo literário mais primitivo, passando da tradição oral para a escrita, que, com o passar dos anos, foi sofrendo alterações e correções de acordo com as escolas literárias a que pertenciam os escribas que redigiam e atualizavam os textos. Isso não foi indicativo de erro ou de um processo de superficialização do texto e da mensagem original, pelo contrário, foi uma forma de fazer a catequese e de transmitir relatos que há muito já estavam enraizados nas tradições orais da cultura popular daquela gente, mas que precisavam ser atualizados e transmitidos de forma mais clara e pedagógica, gerando assim um código doutrinário de tradições para a memória celebrativa da história da fé. Uma linguagem que universalizasse o sentido da mensagem do projeto de Aliança de Deus com seu povo.

Tanto a arqueologia bíblica quanto os trabalhos exegéticos e hermenêuticos de centenas de estudiosos corroboram a ideia de que a primeira experiência de Abrão com Deus apresentou-se na identidade sagrada de Shaddai, o Deus dos pastores.[11]

[11] Cf. Gn 17,1.

A revelação de Deus sob o nome de Iahweh para o povo de Israel só acontece mais tarde, quase seis séculos depois, como se depreende do contexto do livro do Êxodo:

Deus disse a Moisés: – Eu Sou o Senhor. Apareci a Abraão, a Isaac e a Jacó, como o Deus todo-poderoso, mas *não me dei a conhecer a eles pelo meu nome, Iahweh.*[12]

Por dedução vimos que Abraão não conheceu o projeto apresentado por Iahweh, um projeto diferente, desta vez de libertação do julgo opressor egípcio, que tornara o povo, descendente de Abraão, escravo.

A relação de Abraão com Deus se estabeleceu na perspectiva de sua condição de pastor, nômade e chefe de um pequeno clã, pobre e pacífico.

O Deus dos pastores, que falou a Abrão, apresentou seu nome e seu projeto revelado como Shaddai, com uma forma simples de relação, uma proposta de vida baseada na humilde realidade dos pastores e suas necessidades imediatas. A transcendência de Abrão se dá na perspectiva da relação direta com o sagrado. Abrão entra em relação com o divino não somente por meio dos rústicos rituais, que eram realizados durante a transumância, mas também se coloca com liberdade diante da revelação do mistério. Shaddai é mais do que o Senhor das Estepes, é o Deus que caminha comigo! Que por um princípio de amor e misericórdia resolveu eleger aquele já quase idoso pastor para uma nova forma de relação, fundamentada em um acordo mútuo, denominado de Aliança, visando à salvação universal.

Nasceu, daquele encontro, uma profunda amizade. A devoção cedeu lugar à intimidade. E o que era antes somente crença, transformou-se em uma verdade insólita.

Agora havia uma novíssima motivação para seguir em frente, uma fonte jorrou no deserto árido da vida errante daquele povo.

---

[12] Cf. Êx 6,2-3.

Não se tem bases suficientes para afirmar de onde partiu a força que permitiu esse encontro, se foi uma escolha totalmente autônoma de Deus ou se foi a incessante e irrequieta fé de Abrão em buscar a verdade do Espírito!

As tradições religiosas buscaram sempre resguardar, como um tesouro preciosíssimo, a livre iniciativa de Deus em suas manifestações. É Ele que escolhe, realiza e dita, unilateralmente, todas as realidades inerentes à vida humana.

Por outro lado, Deus é a resposta para a peregrinação do coração. Ele se deixa encontrar por aqueles que o buscam de verdade, como revela o texto do profeta Isaías:

> "Buscai o Senhor, já que ELE se deixa encontrar; invocai-o, já que está perto." [13]

Os caminhos de Abrão foram colmados por um ambiente que favorecia a vida contemplativa, as montanhas convidavam ao silêncio e ao recolhimento interior, os momentos com os rebanhos, descansando nas encostas dos montes ou nas estepes, eram oportunidades para, em meio à solidão e à monotonia, mergulhar nas raízes da própria alma. As peregrinações de Abrão lhe possibilitaram não só entrar em contato com um mundo marcado por privações, solidão e silêncio, como também adentrar uma realidade nova, ao encontro de seu próprio ser, e sentir que ardia em seu espírito uma nostalgia profunda de Deus. Abrão buscou colocar no centro de seu coração a presença amorosa de Shaddai, aprendendo a renunciar ao comodismo e à superficialidade da vida urbana. Tinha uma fé calcada no chão de terra, na sombra da gruta que convidava ao descanso. Dali brotavam sonhos e suspiros da alma. Jorravam

---

[13] Cf. Is 55,6.

saudades do eterno e gritos de uma alma que só encontrava sossego na presença de seu Senhor!

Os ensinamentos sobre sua religião, que foram transmitidos por Taré, seu pai, inscreveram, com letras de fogo na fisionomia do então jovem pastor, o desejo profundo de interioridade e de encontro com o mistério de Deus.

Sua oração foi sendo fecundada por uma necessidade constante de buscar Deus nas coisas simples de sua realidade, nas manifestações corriqueiras de sua rotina. Da experiência do deserto nasceu uma espiritualidade viva e alegre. É a rotina que se espiritualiza, gerando uma ascese do dia a dia.

Deus buscou Abrão e, ao buscá-lo, encontrou um coração sedento e acolhedor. Foi um encontro de dois caminhantes. Agora, dois amigos!

Abrão não teve dificuldades em aceitar a presença de Shaddai como Senhor e guia de seu clã, pois já o conhecia bem por intermédio de Taré; a única coisa que o poderia inquietar seria pensar que talvez seu pai também ouvisse a Shaddai muitas vezes em sua vida, sem jamais revelar essa realidade aos filhos.

Seria algo natural ao chefe do clã falar diretamente com o Senhor? Agora que as circunstâncias o fizera assumir a condução do pequeno clã, seria esse um benefício particular? Talvez fosse algo comum aos pais de família? Afinal, Shaddai é aquele que sempre caminha com os pastores!

Reside nessas questões um fato importante: o papel espiritual dos pais na constituição da fé dos filhos. Pais íntegros, fiéis, que assumem sua condição de guias dos caminhos da família e colocam essa realidade como um serviço de amor, fecundo e necessário, mesmo sem saberem, estão realizando o desígnio divino.

São capazes de ouvir a Deus, que fala no amor de doação e oferta, nos sacrifícios de cada dia e na esperança da felicidade, que é semeada todos os dias no coração dos pais. É um germe de graça e de espiritualidade!

Taré tinha a seu favor o fato de pertencer a uma linhagem de homens simples, mas amigos da fé, que cultivavam uma espiritualidade baseada nos costumes tribais, com uma percepção do divino como uma força presente no ofício a que se dedicavam. Eram homens que encontraram sentido em buscar viver uma religião mais sóbria, ligando as realidades inerentes à vida pastoril às manifestações divinas.

E se fosse uma graça especial? Uma visita inusitada do Eterno elevando a dignidade do humilde clã? Ou seria, talvez, apenas uma invenção dos próprios sentidos tão abalados àquela altura pela morte de Taré e pela nova situação?

Toda essa crise de fé que se instalou no coração de Abrão foi decisiva para marcar a vocação a que estava destinado.

Não foi das escolhas mais fáceis! A proposta de Deus era muito exigente e um tanto audaciosa. Desinstalar-se nunca é fácil! Caberia ao pobre homem, senhor de suas escolhas, discernir que caminho seguir e que vozes escutar. O burburinho do mundo é inclemente e ensurdece os sentidos da alma. É o peso da liberdade humana, que não deixa de ser graça concedida do alto, para que cada um, por meio de seu livre-arbítrio, decida a direção que quer tomar diante do projeto que Deus lhe apresenta, projeto de fidelidade, de paz, justiça e amor pelo próximo. Porém, diante dele, também se apresenta o antiprojeto, que se disfarça de humanismo materialista, substituindo a adesão moral e cultural a Deus pelo culto ao Estado, ao capital e à letra morta da lei. O homem perdido de Deus sente uma incontrolável atração pelos apetites que gritam de seus instintos mais primitivos, dá vez e voz a tudo aquilo que coloca em evidência sua origem animal e descobre, em si mesmo, que é um predador em potencial da vida, da sua e do que lhe está ao redor. Sente uma sede insaciável de poder, de idolatria, de autossatisfação! Sem Deus, o homem sadio possui uma alma doente e moribunda.

Abrão pesou cada palavra, repetiu para si mesmo, temeroso de perder na zona do esquecimento alguma frase ou entendimento sobre o que ouviu da Voz. Esforçou-se para memorizar os termos daquela proposta divina. Analisou cada frase ponderando seu sentido mais profundo. Sentiu que sua alma não era tão contemplativa como a de seu pai Taré, pois tinha dificuldades em compreender as palavras que ficavam girando em sua mente como um redemoinho de poeira, que lança migalhas para todo lado. Só lhe restou obedecer.

Aquela noite foi marcada pela dificuldade em se entregar ao sono! Atribulado pelas palavras que escutara, passou a noite sem conseguir dormir, sendo levado de pensamento em pensamento, tentando criar na mente um panorama futuro para o cumprimento do seu dever de aceitar o que lhe fora imposto. Sofria com o pensamento de como o clã reagiria ao novo caminho. Finalmente, entregou-se com liberdade ao cansaço deixando-se vencer pelo sono que lhe visitara furtivamente.

Ao amanhecer, tratou logo de reunir todo o clã para contar sua intenção de migrar para o território de Canaã. Aquele momento também foi a oportunidade para falar da voz divina que o visitara na noite anterior, tentando dar um sentido místico de consolação, deixando-lhes a ideia de que estariam seguros nesta nova jornada.

Seu irmão Nacor, o segundo na sucessão e único que lhe podia fazer oposição no clã, aproveitou o momento para manifestar o desejo de voltar com sua esposa Melca e seus filhos para a velha casa, na distante Ur dos caldeus.

Era uma prerrogativa do pai ter todos os seus filhos reunidos sob sua autoridade. Uma vez morto o pai, os filhos tinham o direito de escolher se submeterem ao novo patriarca, o primogênito, ou escolher outro caminho, formando seu próprio clã.

Como Abrão não podia obrigar Nacor a permanecer no clã, mesmo tendo obtido o primado sobre as decisões da família, e também não tinha nenhuma intenção de voltar para a velha Ur, deixou-o partir em paz, rogando que Shaddai o acompanhasse e o abençoasse.

No dia da partida, Abrão tentava se manter impassível, como achava que deveria ser a postura do chefe da tribo em um momento como aquele, embora sentisse um aperto no peito ao ver seu irmão partir com sua pequena família; tão poucos e tão pobres! Sentiu vontade de chorar! No momento dos abraços de despedida, deu larga voz ao choro e à dor daquela despedida. Todo o pequeno clã se entregou aos abraços e beijos, que se misturavam às lágrimas e aos sussurros de lamento e bênçãos.

Era uma situação tão ruim aquela! O clã já era tão pequeno, havia tanto para ser conquistado no trabalho comum. Ninguém concebia progredir sem o auxílio do outro, tampouco pensar na ausência de um membro para os tempos futuros. No entendimento tribal, a família não se separa sem que haja dor e tristeza. Mas o que ligava os irmãos era a presença de Taré, que já havia partido.

Nacor gostava da vida em Ur e sentia que lá poderia prosperar com sua família. Uma vez separado, formou seu próprio clã.

Abrão abençoou a cada um com um longo e afetuoso abraço e estendeu um laço de afetividade com aquele novo clã que jamais seria rompido. Irmãos para sempre.

A solidão povoou o coração de Abrão. Seu irmão Nacor era uma presença que o reconfortava. Só restava os dois da estirpe de Taré. Sentia-se mais seguro tendo o irmão por perto, pois já não gozava da presença de seu pai e seu irmão mais novo Arã. Havia intimamente decidido que partilharia com o irmão as prerrogativas próprias do chefe do clã, não se afirmando com autoridade em sua presença. Sonhava em prosperarem juntos e felizes.

As despedidas marcam de forma profunda os corações sensíveis. Abrão sofreu muito naqueles dias. Sentia saudades de todos. Olhou para dentro de sua alma e percebeu que estava sozinho.

Sentiu-se profundamente envolvido pela solidão. De forma sutil, sua alma foi sendo ocupada pela nostalgia.

Como prêmio de consolação ficaram Sarai, sua esposa, e seu sobrinho Ló, que fora adotado por Taré quando seu pai Arã morreu na mesopotâmia. Tinha também alguns servos e algumas servas que os acompanhavam e que, ao longo dos dias, fortaleceram os laços de amizade e proximidade com o novo chefe do pequeno clã. Abrão se agarrou obstinadamente à nova realidade, tomando a presença de sua esposa, de Ló e dos poucos servos como o único refúgio humano que lhe sobrara. Caberia a ele valorizar cada um como um presente de Deus.

Logo Abrão voltou a respirar o ar inebriante da fé. Reuniu forças e se pôs a caminho. Seu destino era a vontade do Deus, que tomou conta de seu coração.

A Rosa das Montanhas

O silêncio de Shaddai ao longo da viagem deixou Abrão desconcertado! O entusiasmo inicial deu lugar a uma série de dúvidas e anseios. Como toda partida é uma aventura, no coração dos pastores peregrinos partir era sempre uma realidade festiva e ocasião de renovar as esperanças. Dessa vez viajavam em número bem mais reduzido e sem a segurança do experiente Taré à frente da jornada.

Abrão encheu-se de vigor, amparado por sua fé na promessa de Deus, e levou com tenacidade seu pequeno acampamento pelo caminho mais seguro em direção a Canaã.

Ao chegar à sua fronteira, o coração de Abrão se dilatou, uma irradiação de alegria tomou conta de seu ser. A mudança de região mostrou ter algo para além do emocional, era algo muito novo, muito belo. Renascia a esperança de tempos alvissareiros.

A própria paisagem havia modificado totalmente. No lugar das terras áridas, cercadas por montanhas e algumas palmeiras, Canaã era um oásis que encantava quem passava por ali. Com vales profundos e muito verdes, encostas de montanhas floridas e grandes bosques, margeava o litoral deixando transparecer o horizonte austral. No lado oposto, a terra era cercada de altas montanhas que pareciam ser um convite à oração e ao recolhimento; o lugar todo era encantador. O clã deixou-se contagiar pela beleza da terra e respirou um ar de novidade que parecia ter renovado todas as esperanças.

Os tempos passados em Harã não tinham sido tão ruins. Conseguiram prosperar um pouco, chegando até a adquirir alguns servos para ajudar na faina diária. Agora, na nova terra, tudo parecia ser muito auspicioso.

O primeiro contato com os cananeus foi muito amistoso. Os cidadãos trataram logo de indicar o lugar sagrado para Abrão oferecer sacrifícios de ação de graças pela boa viagem que fizera. Era costume comum os sacrifícios à divindade local, assim que se chegava ao santuário local.

Quando alcançaram o santuário pagão de Siquém, dedicado a Baal, Abrão não quis oferecer sacrifícios ao deus local. Estabeleceu seu acampamento nas proximidades da aldeia e orou fervorosamente a Shaddai, agradecendo o amparo e a companhia protetora ao longo da peregrinação.

Ficou alguns dias em Siquém, pois o lugar era convidativo, muito bonito e hospitaleiro.

Durante uma tarde, quando o sol já despontava no horizonte e o céu começava a brilhar de estrelas no azul infinito, Abrão contemplou aquele lindo espetáculo de sons e cores e elevou o coração a Shaddai, agradecendo poder estar naquele pedaço da terra.

– À tua descendência darei esta terra![14]

Abrão estremeceu diante da voz que voltou a lhe falar. Desta vez trazia uma grande novidade que deixou o espírito de Abrão profundamente comovido. Shaddai falou de "descendência"!

Pela primeira vez, desde que haviam estabelecido um nível de intimidade mais intensa, Deus dirigia-se diretamente ao problema central da vida de Abrão, origem de todos os seus sonhos: filhos!

Na caminhada da fé, Deus se apresenta como aquele que aponta o caminho, sem deixar de perceber e se envolver com as lutas de cada dia, cuidando com carinho dos detalhes da vida.

Enquanto ainda estavam em Harã, os servos de Abrão falaram-lhe que o povo cananeu era assistido e protegido por uma divindade chamada Baal. Este deus tinha o poder de fecundar o ventre das mulheres cananeias. Por isso, Canaã possuía uma grande população.

Para uma melhor compreensão da dinâmica antropológica das religiões antigas, temos que associar sempre a divindade ao seu território de domínio. O deus que tinha o primado na terra dos cananeus era Baal. Qualquer um que entrasse em território cananeu estava automaticamente sob a sujeição do deus local. Assim acontecia com todos os povos. Cada lugar tinha um deus regional que exercia seu domínio sobre aquele povo. Uma vez fora daquele território, estava livre da influência daquela divindade e sujeito à divindade do novo lugar.

Essa ideia do senhorio da divindade sobre uma determinada região ou país influenciou muito a religião de Israel até o tempo

[14] Cf. Gn 12,7.

do advento dos grandes profetas bíblicos no século VIII a.C., que superaram essa visão de domínio regional e anunciaram uma nova perspectiva relacionando o senhorio de Deus ao seu povo escolhido. Deus está com seu povo, onde ele estiver!

Para Abrão, que era pastor, esse jeito de entender o poder das influências divinas tinha sentido devido ao contexto cultural em que vivia, porém não exercia tanta força em sua vida, devido à cultura religiosa herdada de seus pais, para quem Deus era o que caminhava sempre junto aos pastores, providenciando pasto, água e sombra para o rebanho descansar; era o Senhor das Estepes; não conhecia fronteiras; o mundo do pastor era seu território de domínio.

Na mentalidade pastoril, Shaddai podia entrar em qualquer território, pois sua relação com o crente estava ligada não a terra, mas ao modo de vida do pastor.

De qualquer forma, movido interiormente pela palavra que ouvira de Deus, Abrão queria prestar sua homenagem e adoração ao seu Deus, mas não em um santuário dedicado à outra divindade, mesmo que fosse a autoridade etérea local.

Nos caminhos da vida de Abrão, sempre coexistiram pedras e areia, relvas e desertos. Abrão não tinha nada. Como fazer então? Em seu coração pensava: se no caminho tenho somente pedras, farei delas os meus altares de adoração!

E, ali, naquele lugar, ergueu, com suas mãos já calejadas pelas lutas, um altar das pedras que encontrou no caminho e derramou sobre ele uma libação de óleo de oliveira em sinal de gratidão.

~

O processo de estabelecimento do clã de Abrão no novo país não foi tão rápido. Apesar da beleza do novo território e de ter encontrado lugares bons e agradáveis, Abrão, movido por uma inquietude interior, preferiu reconhecer toda a terra. Foi estabelecendo acampamento de lugar em lugar, procurando um ponto ideal para fincar em definitivo sua tenda.

Ao descer na direção sul do país dos cananeus, Abrão conheceu aquele que os povos locais chamavam de o grande deserto de Negueb, uma região belíssima, entrecortada por uma cadeia montanhosa que marca o levante como uma muralha, com um sem-número de pequenos óasis espalhados de forma desordenada pela paisagem insípida, e para deleite de todos, uma torrente de águas cristalinas que serpenteiam entre as saliências das rochas, oferecendo aos afortunados moradores e visitantes um clima de encantamento total.

O coração de Abrão exultou com aquela boa terra, que mais parecia um recanto perdido do mundo, como o jardim em que viveram os primeiros pais. Sentiu uma paz profunda naquele lugar e um vivo desejo de adorar ali a Shaddai. Subiu em um dos pontos mais altos da montanha que dominava o deserto e, chegando lá, tomou pedras do lugar e construiu um altar onde derramou sua libação, erguendo uma profunda prece de ação de graças a Shaddai. Sentia-se interiormente compungido e invocou com ardor o nome santo do Senhor.

No coração de Abrão pulsava tantas sensações, tantos pensamentos. Desejou ficar ali e descansar da caminhada da vida. Percebeu que aquele lugar, cujo silêncio só era quebrado pelo assobio contínuo do vento e pelas melodias disformes dos pequenos seres vivos que habitavam aquela bela terra, oferecia uma paz que convidava ao estabelecimento. Era um lindo lugar para viver e para morrer. Pensou consigo que a harmonia do ambiente parecia ter uma força de eternidade. Aquele deserto devia ser o túmulo digno de um grande rei. E seria!

Tomou a firme resolução de ficar na montanha. Organizou o espaço das tendas e dos currais e elaborou com os membros do clã a forma como explorariam as riquezas do lugar. Todos sentiam um frenético sentimento de liberdade, e, na alma de cada um, ressurgiam antigos sonhos, alimentados pelas possibilidades que nasciam das vastidões de terras que se estendiam em todas as direções. Estava resolvido que o pequeno clã de Abrão viveria do que aquela terra podia lhes prover.

O Negueb fez com que a relação de Abrão com o Senhor alcançasse uma maior intimidade. A cada passo do caminho, Abrão percebia que a relação ganhava contornos de verdadeira amizade. Sentia-se amparado pela graça que vinha do céu. Sabia que estava gozando de uma realidade muito envolvente e penetrante. Sentia-se amado e querido. "Deus caminha junto a mim, junto a meu clã!"

Nas noites excepcionalmente estreladas do deserto, no recolhimento da pequena, mas aconchegante tenda, conversava com Sarai sobre as dilatações de sua alma quando visitado por Shaddai. Relatou-lhe muitas vezes as palavras de Deus sobre a promessa de descendência. Pensava em todos, como se prestasse contas diante de sua consciência da vida de cada um. Cuidava com carinho e atenção do sobrinho Ló. Durante os luminosos dias do deserto, guiava o pequeno rebanho pela encosta da montanha, cuidando de cada animal como se fosse um membro do clã.

O coração de Abrão estava tomado pela Presença! Tudo começava a encontrar equilíbrio, e a alegria ressoou na tenda do patriarca.

A terra do Rei-deus

Uma antiga canção de marinheiros diz que, enquanto as águas dormem, a tempestade já culmina no horizonte.

No segundo ou terceiro ano da estada de Abrão em Canaã, o país foi terrivelmente assolado por uma grande fome. A estação das chuvas foi muito abreviada e logo o verão chegou trazendo o flagelo da escassez de alimentos. Como a seca se estendeu por meses a fio, houve uma grande calamidade na terra de Canaã e a população se viu em aperto.

Abrão também logo sentiu o flagelo chegar ao seu acampamento. Como vivia da criação de ovelhas, bodes e cabras, sempre que precisasse de alimentos mais do que produzia em seu acampamento, ia à cidade mais próxima para negociar a troca de ovelhas pelo que precisava para alimentar o clã. Aconteceu que naquele ano a fome se alastrou com tal violência que nem nas cidades mais prósperas conseguiam-se comprar os produtos básicos para viver.

Muitos cananeus conhecidos de Abrão migraram para o Egito em busca de alimentos. Ao saber disso, Abrão pôs-se a orar a Shaddai para discernir o que deveria fazer.

Como não obtivesse resposta e vendo o sofrimento que seu clã começava a passar por causa da penúria de comida, tomou a decisão de descer também para a terra do Egito. Não foi uma resolução fácil, pois o país do Egito distava uma caminhada considerável e a viagem demandava muitos cuidados por causa de notícias de bandos de saqueadores que caíam como gafanhotos sobre as caravanas de viajantes.

Havia também um clima de desânimo por ter de se desinstalar tão precocemente daquela terra tão hospitaleira. Mas era necessário sobreviver à calamidade da fome.

O Egito era um país que há muitos e muitos anos possuía um rei/deus à frente do governo do povo. Era um povo muito religioso e pouco acolhedor. Tinham um território muito grande, banhado pelo grande rio Nilo, com uma região marítima muito fértil.

Abrão juntou o seu clã e, acompanhado por outros grupos de imigrantes, partiu para a região do Delta do Nilo. Acostumado como estava a longas viagens, viu a paisagem mudar diante de seus olhos. Dos bosques verdes e das planícies coloridas de Canaã, passou às gigantescas dunas de areia; o sol estava escaldante e havia pedras, muitas pedras no caminho.

Uma súbita tristeza tomou conta de Abrão. Parecia um presságio ruim. Seu espírito ficou inquieto. Sentia vontade de voltar para Canaã, mas àquela altura seria mais perigoso um retorno do que continuar o caminho.

O que lhe esperaria no país do rei-deus? Por que Shaddai calou-se? Como encontraria um lugar adequado para fincar acampamento em uma terra tão incauta e desconhecida?

A fé de Abrão estremeceu! Será que havia tomado a decisão certa? E se não fosse acolhido com seu clã no novo país?

Quando Deus se cala, o coração do homem se comprime, e a dúvida e a melancolia passam a ser as únicas luzes de seu horizonte existencial. Para o crente, aquele que coloca como centro unificador de sua vida a fé, a ausência da presença de Deus, ou melhor dizendo, a simples percepção da não presença de Deus junto de si, de sua decisão, afoga o coração em dúvidas, suprime o equilíbrio da mente e provoca um sentimento de desamparo total.

Na história do Espírito, muitos foram os homens e as mulheres que tiveram uma relação especial com Deus, experimentando sua amizade e vivendo de sua graça, mas que, em determinado momento de sua vida, sentiram-se sozinhos, preteridos, abandonados. O desconcerto bateu à porta do coração, e os louvores transformaram-se em súplicas, os cantos alegres, em lamentações e suspiros.

Por que isso? Seria algum tipo de capricho divino? Uma pedagogia baseada na relação ter e não ter? Presença e ausência?

Foi a primeira vez que Abrão sentiu-se envolvido pela sombra negra do abandono divino. Ao longe, a pálida sombra do entardecer projetou-se na direção do caminho daquele pobre peregrino.

Naquela noite, fatigado pela jornada tão difícil e psicologicamente perturbadora, Abrão foi assaltado por sonhos de dor, gritos e desespero. Uma noite de maus presságios ou o peso de uma consciência esmagada pela dúvida? Só restava continuar e ir até o fim. Tudo estava nas mãos de Shaddai.

Ao chegar à região do Delta do Nilo, a área mais ao norte de todo o país, Abrão logo percebeu que não seria acolhido como foi em Harã e Canaã. Os egípcios, muito desconfiados com os estrangeiros, viam em cada imigrante uma ameaça ao seu isolamento geográfico. Parecia que um clima paranoico de desconfiança havia tomado conta de todo o povo egípcio.

Cinco séculos mais tarde, a história vai mostrar que eles tinham razão. Os povos conhecidos como hicsos dominaram o delta do Nilo e constituíram uma dinastia que perdurou por mais de meio século, trazendo grande infortúnio para todo o país do Egito. Depois os gregos e mais tarde os romanos lançaram suas tropas sobre o território associando todo o país aos seus impérios.

A intranquilidade de Abrão ficou muito maior ao perceber os olhares cobiçosos que os egípcios dirigiam a Sarai. Isso fez aumentar em seu coração o sentimento de que estar ali poderia custar muito caro. Diante daquela situação, Abrão percebeu o quanto amava Sarai e o quanto precisava dela para continuar vivendo, que, de todos os seus bens, o mais importante era sua esposa! Mesmo sem lhe dar filhos, Sarai representava no coração do patriarca a lembrança viva dos melhores sonhos que tivera até então.

Um olhar sobre Sarai

Sarai era parenta de Abrão por parte de pai e trazia consigo uma doçura ímpar. Sua presença, desde os primeiros dias das núpcias, sempre foi marcada pelo silêncio, pela doçura e doação ao clã. Era um prêmio de consolação para Abrão, mesmo não tendo gerado filhos, possuir uma esposa tão amável e tão querida. Era uma verdadeira filha entre os filhos. Aprendeu desde cedo o serviço doméstico, como era próprio da educação que as meninas recebiam tuteladas pelas mães. Aprender os afazeres domésticos para agradar o futuro marido era uma questão até de sobrevivência naquela época. Mas Sarai aprendeu cedo a amar seu esposo. Muito amada por seu sogro Taré, viveu em harmonia com todos, ocupando o espaço que lhe era próprio. Vemo-la como uma mulher de seu tempo, vivendo segundo sua cultura, mas cercada de uma dignidade humana que mais tarde foi selada com o dom da promessa de Deus.

Assim como Maria de Nazaré foi visitada pelo anjo mensageiro para transmitir a graça que vinha do céu em forma de um filho, Sarai também foi escolhida como esposa daquele que viria a ser reconhecido como o *Pai da Fé,* para ser mãe de um menino que garantiria o nascimento do povo santo de Israel.

Poucas palavras foram transmitidas pela tradição como sendo de Sarai, no entanto, sempre que falou, tinha uma tonalidade de segurança e pureza. Chegou a ser dura com sua serva e, ao mesmo tempo, pura como uma criança diante da notícia espetacular que ouvira da boca do anjo.

A escritura ressalta a beleza de Sarai, de tal forma que Abrão se via em situação delicada por causa de sua esposa.

A tradição popular guardou na memória um episódio pitoresco: quando o dignitário local, um tipo de vizir da região do delta – que os textos sagrados identificaram como sendo o próprio Faraó –, viu Sarai, logo prendeu seu coração a ela e cobiçou-a. Procurou familiarizar-se com a situação do novo morador e, concedendo alguns dotes a Abrão, associou Sarai ao seu harém.

A sagrada escritura relata que, por causa da nova condição de Sarai, Abrão foi beneficiado com bois, ovelhas, servos e servas. Tornou-se rico, aumentando suas posses!

Certo dia, os agoureiros do reino, tendo sido avisados por presságios, ordenaram ao vizir que devolvesse a mulher do estrangeiro, pois o vizir estava em vias de sofrer uma grande calamidade envolvendo também toda a sua casa. Por medo do que podia lhe acontecer, devolveu Sarai a Abrão, pagando-lhe um grande dote como forma de desculpar-se pela inconveniência de toda aquela situação e ordenando-lhes que saíssem da terra.

Assim, Abrão voltou para Canaã. Chegou pobre ao Egito e, por causa de sua esposa, voltou rico. Seu infortúnio foi recompensado com a bênção da prosperidade econômica. Para quem não tinha nada mais do que um pequeno rebanho, alguns poucos servos e o que restou da família após a separação de Nacor, Abrão conseguiu acumular um bom tesouro. Talvez não muita coisa, mas o suficiente para que entendesse isso como um sinal da visita de Shaddai diante de tudo o que aconteceu à sua esposa.

Ao que parece, mesmo com a situação um tanto constrangedora, a memória popular não viu mancha na conduta de Sarai. Ela entregou-se nas mãos do destino para salvar sua família e seu esposo que tanto amava. De tal forma procedeu, que foi digna de receber o milagre da fertilidade quando já idosa.

Abrão recebeu com festa sua amada esposa de volta à sua tenda. Amaram-se profundamente e louvaram a Shaddai por operar tamanha façanha.

A ordem dada pelo senhor da região era imperativa, não deixando nenhuma outra opção ao pequeno clã. Abrão viu nesse fato uma providencial oportunidade para sair daquela terra inóspita e voltar para a tranquila Canaã. Dessa vez, levava consigo um bom espólio de seus trabalhos e suas fadigas.

Como era comum as caravanas de mercadores passarem pelas terras do delta para descansarem antes de subirem para a região chamada de Alto Egito, logo as notícias de que a fome deixara a terra dos cananeus chegou aos ouvidos de Abrão.

Arrumar a bagagem era a ordem do dia no interior do clã. Preparar o rebanho para a jornada e, com grande júbilo, voltar para casa.

Tudo o que sonhavam agora era que a normalidade voltasse para aquele lugar familiar o mais rápido possível, para sua vida, e que pudessem ter um bom retorno para Canaã.

Mas logo o clã de Abrão se veria novamente diante de uma desventura. Uma nova e dolorosa separação estava por vir. O coração do patriarca pressentira que isso logo bateria à porta de sua tenda. E esse dia chegou!

CAPÍTULO III

LÓ E OS DOIS CAMINHOS

Quando Arã, o filho mais novo de Taré, morreu em Ur da Caldeia, deixou como único descendente seu pequeno filho. O jovem Ló e sua mãe – que a tradição não guardou o nome – logo foram adotados pelo avô, pois era costume entre os clãs que a família amparasse as viúvas e os filhos órfãos. Esse costume fazia parte do direito consuetudinário vivido nas tribos de pastores, sustentado mais na força dos costumes do que em legislações institucionalizadas e legalistas. A família era, de fato, a base de sustentação e sobrevivência daqueles grupos seminômades; salvaguardá-la garantiria a própria continuidade da tribo, e isso tinha de ser feito principalmente nos cuidados com os mais frágeis e vulneráveis do clã, como as viúvas e as crianças. Em suma, era uma forma de consolidar a unidade fraterna que assegurava a dignidade de todos os membros do clã mesmo em meio a situações adversas.

A riqueza, assim como a pobreza, era partilhada por todos da família; a sorte de um caía irremediavelmente sobre os demais e a noção de coletividade era a coluna de sustentação de todo núcleo familiar. Esses laços familiares ajudavam a constituir a identidade do clã, que não poderia desaparecer por questões de separação entre os seus membros. A máxima da vida comum era que todos vivessem e compartilhassem da mesma sorte. Na vida, na morte, na prosperidade ou na indigência, todos faziam parte de um mesmo conjunto social que se organizava para defender os mais fracos e necessitados da casa comum. Essa estrutura era algo notável na organização comunitária daquelas sociedades tribais. Tudo girava em torno da manutenção dos membros do clã, da afirmação de sua memória cultural e celebrativa.

Para aqueles povos semitas, a noção de família-clã exigia um grau de comprometimento de todos com todos. Havia uma corrente cálida e emocional que ligava psicológico-afetivamente os membros e os servos em torno da identidade do clã. Ali não se usava pronomes possessivos, pois tudo pertencia a todos, os mesmos direitos e deveres cabiam a todos gozar e cumprir.

À frente do clã estava a figura do patriarca, que podia ser o pai ou o irmão mais velho quando o pai morria ou já não tinha mais condições físicas nem sanidade para o ofício da condução. E todos estavam ligados a ele por laços de pertencimento familiar, sujeitos à sua autoridade, em um movimento profundamente encadeado pelos laços de parentesco e de fidelidade. A palavra do patriarca tinha força de lei, era a garantia de ordem e de futuro para os descendentes.

Havia um olhar especial sobre os mais vulneráveis do grupo. Crianças pequenas, idosos e as mulheres eram especialmente protegidos e amparados. Essa situação era mais evidente nas famílias mais pobres, pois havia uma relação de mútua dependência por causa da divisão social do trabalho dentro do clã, em que cada um, de acordo com o sexo, a idade e as capacidades físicas, exercia uma tarefa específica em prol da vida de todos. Era um princípio de solidariedade familiar. Os irrequietos pastores peregrinos viviam segundo o sinal da crença no poder da manutenção do clã como um bem comum.

Quando a criança completava seu décimo segundo ano de vida, era associada à comunidade familiar como membro ativo. Já podia desempenhar atividades simples e lhe eram atribuídas algumas pequenas responsabilidades. Com o passar dos anos, o jovem acompanhava os pastores mais experientes aprendendo os matizes do labor do dia a dia. Logo estaria apto a conduzir o rebanho. As primeiras experiências de pernoitar, sob a luz do luar em algum lugar mais seguro no deserto ou na campina, devia levar o coração do jovem a sensações extraordinárias de liberdade e encanto pelo ofício que exercia.

Trabalhando junto aos rebanhos, o moço adquiria o direito de partilhar das novas crias, podia até formar seu próprio rebanho. Era um direito de propriedade que não feria o princípio de comunidade, pois, mesmo tendo sua propriedade, ela estava sob a jurisdição tribal do patriarca.

Durante o período em que o jovem Ló ficou sob a tutela de Abrão, ele cresceu, seguiu o exemplo do tio, aumentando sua atividade pastoril e adquirindo o direito de possuir seu rebanho. Em Canaã, já bem mais maduro, adquiriu também uma esposa, filha de um amigo próximo de Abrão, uma cananeia que lhe deu duas filhas.[15] Ló foi formando no passo lento de sua tribo seu próprio patrimônio. Sonhava um dia ser chefe de um clã, como a exemplo de Abrão.

Quando ainda estavam no Egito, Abrão tornou-se senhor de consideráveis bens, aumentando seu rebanho e o número de servos. Ló também foi beneficiado pela prosperidade do seu tio e, trabalhando com dedicação, conseguiu também juntar um número bem maior de ovelhas, bodes e cabras.

[15] O nome da esposa de Ló não é citado nas Sagradas Escrituras, mas a tradição judaica apócrifa identificou-a com o nome de Ada. As duas filhas de Ló também não tiveram seus nomes citados, nem a tradição apócrifa guardou os nomes.

A bênção de Shaddai visitou novamente o clã de Taré. Ló, associado como estava a Abrão, também foi objeto da bênção do Senhor. A graça de Deus é sempre abundante, quando se manifesta, expande-se sobre todos aqueles que estão ligados por laços de verdadeira fraternidade.

A tradição espiritual do antigo Israel entendia a bênção, assim como a maldição, como uma realidade coletiva.

Somente mais tarde será desenvolvida uma espiritualidade diferente. Proclamadas pela voz estridente dos profetas do Antigo Testamento, principalmente Jeremias e Ezequiel, em meio aos dolorosos acontecimentos da invasão babilônica no século VI a.C., a destruição do que restara do reino de Israel e a deportação do povo, a noção de sorte/destino – bênção/maldição – ficaram individualizadas. Caberia a cada um assumir o protagonismo de suas ações. O justo não estaria mais ligado ao castigo do ímpio por laços tribais. A vida pessoal seria o ponto de juízo e, cada um, individualmente, receberia a recompensa que convier conforme o que tenha feito da vida.

A volta

Abrão reuniu o clã para iniciarem os preparativos para o retorno para o território de Canaã. Seu coração se encheu de alegria e um vivo sentimento de alívio tomou conta de seu espírito; parecia que tinha tirado um peso enorme de suas costas. A situação, que até então parecia ser um nó sem saída, transformou-se subitamente em grande libertação.

As situações adversas que a vida apresenta repousam sobre bases que sustentam o agir humano de forma muito dinâmica. As ocasiões da vida nos empurram para realidades que aos poucos vão se tornando complexas. Parece que quanto mais caminhamos e tentamos nos livrar dessa realidade, mais complicada e aderida a nós vai ficando, asfixiando a esperança e fechando aos poucos todas as portas que poderiam apontar para o caminho de saída.

O que fazer, então? A sabedoria dos antigos ensina que, quando o barco se encontra no meio da tempestade, os marujos mais experientes sabem que a melhor coisa a se fazer é baixar as velas e esperar. Não se toma uma direção enquanto cai a tempestade, sem se conseguir enxergar um caminho no horizonte. Esse é o grande erro que a maioria das pessoas cometem quando estão em meio a profundas crises. Buscam resolver de forma simples realidades que são complexas! Não conseguem aquietar a mente e logo derramam uma enxurrada de emoções contrastantes e dolorosas sobre o coração, procurando um movimento de reação quando, na verdade, deveriam buscar quietude e o mínimo de equilíbrio emocional e mental. Gastam suas forças emocionais tentando resolver situações que mal conseguem compreender, pois sua visão está distorcida pela proximidade da sensação de crise. No meio da tempestade é preciso saber esperar, particularmente, aqueles que têm o coração em Deus e desejam resolver da melhor forma possível.

No momento da aflição a vista encurta, o caminho fica escondido debaixo do tapete da angústia emocional que toma conta da pessoa; o horizonte já não aponta mais para a luz. Tudo parece se obscurecer, e uma noite escura e profunda se estabelece no firmamento do coração. Até respirar se torna difícil. A cabeça se inclina em direção ao chão duro e sequioso da realidade, em que sobram pedras agudas e cortantes que machucam e exasperam a alma. Sobram a fadiga mental e o corpo arrastado pelo próprio peso. A psicologia identifica esse fenômeno como "processo psicossomático", pois o problema migra da *psique* (cabeça) para o *soma* (corpo), atingindo em cheio o sistema nervoso central. Uma vez no corpo, tem a capacidade de modificar processos biológicos básicos: a pessoa perde o apetite ou passa a comer de forma exagerada, sofre com insônias e, mesmo quando dorme, já não consegue ter um sono tranquilo, perde a sensibilidade para captar as cores e luzes, o humor se transforma em uma verdadeira válvula de escape nervosa e está constantemente em estado de erupção. A vida deixa de ser um processo alegre e dinâmico e passa a ser como uma corda esticada ao máximo, em uma tensão constante, que a qualquer momento parece que vai arrebentar.

Esse processo é diagnosticado pela psicanálise moderna como *Quadro Depressivo Distímico* ou, simplesmente, depressão, mas com todas as possibilidades de migrar para um processo agudo de neurose. Pessoas que vivem carregando esse peso morto da depressão precisam de ajuda para descobrir o caminho de volta para a luz, que reoriente sua existência, devolvendo-lhe a alegria de viver e de sonhar.

É preciso parar, esperar os ventos fortes do coração se acalmarem e as ondas tumultuosas da angústia cessarem. Tudo se resolve! Não caminhamos sozinhos nesta vida, temos um Consolador que conduz nossos caminhos. Mesmo se o coração está por demais atribulado para poder escutar o Senhor, temos uma sociedade de irmãos que estão ao nosso lado como verdadeiras bússolas de direção, uma família, amigos e companheiros. Acima de tudo, a Graça vem em auxílio dos corações atribulados, basta confiar e esperar!!

Por mais ingênuo que pareça, um simples exercício de respiração pode ser um poderosíssimo instrumento de equilíbrio emocional e psicológico. Respirar com profundidade e de forma calma ajuda a mente a serenar os pensamentos e esvaziar o coração de angústias e ansiedades. Tanto é que, em muitos grupos de espiritualidade contemplativa, a respiração correta ocupa um lugar introdutório ao rito oracional.

Só é preciso entender que os problemas da vida, quando enfrentados sob a luz da fé, transformam-se em instrumentos que antecipam a comunhão do coração com a força salvadora, que vem do Céu, e com a capacidade de perceber as forças positivas da vida e das pessoas, uma vez que poderá experimentar a grande alegria da autossuperação e da libertação do orgulho da autossuficiência, que nada mais é do que a egolatria.

A realidade aparente de decadência desmorona quando o espírito humano aprende que as coisas mais importantes da vida não ficaram encarceradas no problema, mas que este foi subitamente transformado em força dinamizadora de ruptura com as frágeis estruturas que construímos sobre nós mesmos. Quando os projetos humanos se revelam meras ilusões, o que sobra de bom são as sementes para o que é verdadeiro e duradouro poder brotar com frutos doces e vigorosos.

Quando o coração se encontrar afogado em desilusões, sem saber que rumo tomar para retornar à normalidade, o segredo para cura interior está em se recolher um pouco, colocar no centro da alma a presença luminosa do Espírito Santo, por meio da oração, e realizar um processo de higiene mental e emocional. É ele, o Espírito Santo, que põe ordem no caos que se instala no interior da pessoa, purificando o coração e sarando as feridas da alma.

A brisa da manhã torna-se um vento impetuoso, para, no fim da tarde, voltar a ser brisa!

A vida foi ensinando isso a Abrão! A cada passo do caminho, as lutas que se apresentavam eram verdadeiras forças de destruição, mas, entregando-se nas mãos d'Aquele que é o fundamento de sua fé, foi aprendendo a aceitar que as estruturas frágeis da vida vão ficando pelo caminho e o que sobra é a obra nova que inaugurará um caminho mais pleno e feliz. Daquele lugar de lutas, tem-se que partir em frente, levando no coração a confiança no amor que prevalece, e que Deus tem por cada um.

Abrão foi mestre na arte de viver do abismo escuro ao sol luminoso da manhã primaveril! Foi traçando seu caminho em meio a tantas alegrias e adversidades que foi maturando sua fé que, mais do que ideias ou rituais, era baseada na experiência da vida, nas boas e más. A oração de Abrão estava fundamentada no conhecimento da presença de seu Deus em todas as circunstâncias de sua vida. Vitórias e derrotas, alegrias e tristezas, dor e júbilo, tudo estava repousando suavemente nas mãos do Senhor de todos os caminhos.

Somos todos peregrinos nesta vida, e o Senhor continua sendo para sempre *Aquele que caminha conosco* até o fim do mundo.

A verdadeira espiritualidade não nasce de ideias e experiências requintadas e cheias de apanágios. Esse ensinamento está profundamente presente na vida de Abrão e de Sarai, assim como na de tantas pessoas que, ao longo de sua vida, manifestaram uma relação especial com Deus. Aprenderam que, à sombra dolorosa da cruz de cada dia, nasce o verdadeiro lugar de encontro com a Vida, que está escondida nas pequenas lutas de um pai ou de uma mãe, de jovens que vivem a verdade da fé, de idosos que carregam com serenidade e dignidade as limitações que o tempo lhes trouxe, de pessoas que, tendo a oportunidade de viverem uma vida de opulência e conforto, resolveram livremente e se decidiram pelas coisas simples e alegres. Enfim, dos que levam no coração a chama brilhante da alteridade para com os seus semelhantes, para com os mais carentes de compaixão e misericórdia e que aprenderam a transformar tudo isso em uma vida de oração e uma oração viva, real, frutuosa.

Quando o clã de Abrão tomou o caminho de volta à terra de Canaã, estabeleceu no alto da montanha do Negueb, onde outrora havia armado sua tenda. Sobre o Negueb, Abrão encontrou o altar que havia construído com as próprias mãos e ofereceu um sacrifício de louvor, derramando sobre o altar uma libação de óleo e vinho invocando o nome de Shaddai. Orou agradecido Àquele, que o conduziu do belicoso e árido Egito até aos montes floridos e pacíficos do Negueb.

Em meio aos trabalhos do dia a dia, os servos que pastoreavam o rebanho de Abrão começaram a se desentender com os pastores de seu sobrinho Ló. A contenda perdurou até o ponto em que ficou evidente que não poderiam mais dividir a terra juntos.

Nesse ínterim, Abrão invocou Shaddai, o Deus daquele clã de pastores, para decidir que caminho tomar para que não acontecesse um conflito de maior proporção que rasgasse o véu da unidade familiar.

Seu coração se encheu de profunda paz! Vendo nisso um sinal do céu, chamou seu sobrinho Ló e, com pesar no coração, propôs que se separassem no espaço geográfico, porém, nunca no coração.

"[...] pois, disse Abrão a Ló, somos irmãos!"[16]

Com essa expressão, Abrão reconhecia Ló como chefe de seu próprio clã, não estando mais tutelado pelo tio.

Deixou Ló escolher o território em que desejava viver, abrindo mão, desta forma, de seu direito de exercer o primado das decisões, pois era mais velho e chefe de um clã maior que o do sobrinho. Foi uma das maiores manifestações de fé de Abrão. Uma forma de entrega confiante na graça providencial de Deus. Deixando o outro fazer primeiro a escolha demonstrava a força de sua fé, marcando a futura relação com o novo clã com o sinal da gentileza e da amizade.

A marca indelével dos filhos de Deus é a gentileza, a paz e a confiança.

[16] Cf. Gn 13,8.

Ló escolheu viver nas planícies férteis do rio Jordão, região tão bela que era chamada de *Jardins de Deus*! Naquelas terras, além dos campos viçosos, havia cidades bem desenvolvidas para a época e uma florescente zona produtora de sal. O encanto pela vida da cidade tomou conta do espírito de Ló, talvez como forma de compensar os sonhos reprimidos que tinha quando morava nas estepes de Ur.

Das cidades da planície, Ló se agradou de uma em particular, a barulhenta e agitada Sodoma. A cidade de Sodoma ficava em uma região próxima a uma depressão do rio Jordão. Tinha uma população miscigenada, formada por povos de diferentes nacionalidades que migraram para lá por causa do comércio do sal. A cidade respirava um clima de festa e de prosperidade.

Ló preferiu a realidade da vida fácil das cidades da planície. Não conseguiu perceber o ambiente de pecado e transgressão moral que havia ali. Somente alguns anos mais tarde a visita do mensageiro do Céu conseguiu salvar Ló e sua família do terrível castigo que as cidades da planície iriam sofrer.

O solitário Abrão

O céu responde à nossa fé! Quando Abrão ofereceu a seu sobrinho Ló o direito de escolher primeiro o caminho que tomaria, permitiu-se caminhar sob a luz da providência divina. Ló escolheu a melhor terra, a planície irrigada pelo rio, cheia de cidades prósperas e de um comércio florescente.

Coube a Abrão seguir para o outro lado. À sua frente se apresentou o vasto deserto montanhoso. Abrão resolveu seguir para a região montanhosa de Hebron. Vivia em uma terra batizada com o nome do símbolo mais pungente que havia ali, o Carvalho de Mambré. Estabeleceu suas tendas ao longo da montanha e ali resolveu que seria sua casa para sempre.

Do alto da montanha a visão se dilata, o horizonte fica mais resplandecente e se pode tocar as estrelas, com os belos sonhos que nascem daquele lugar. Quem vive nas montanhas desenvolve uma relação com a natureza que leva o coração para a contemplação. Vê-se o mundo de um ponto onde tudo parece estar nascendo. É a visão que o céu tem de cada coisa na terra. Para muitos místicos a montanha é o lugar ideal para se viver uma experiência com o Mistério.

Aquele lugar fez Abrão lembrar do imponente zigurate de Ur. Quantas vezes viu ao longe os rituais se realizarem no cume da pirâmide de degraus. Ficava imaginando a coragem que os sacerdotes tinham de permanecer em lugar tão alto, tão perto da morada dos deuses. Como deveria ser imponente o olhar daqueles sacerdotes sobre toda a cidade e a circunvizinhança.

O Hebron é uma região muito bonita. Cortada por pequenas montanhas, com uma planície de fundo que se assemelha a um rio correndo por entre as escarpas dos vales. Tem uma paisagem marcante. No alto das montanhas o vento frio convida seus moradores ao recolhimento bem cedo da noite. Durante os dias, o clima é ameno e gentil. Foi nessa terra que Abrão se sentiu em casa. Com o coração fixado em Shaddai, orou ao Senhor com renovado ardor.

Uma tarde, quando os servos já começavam a recolher o rebanho, Abrão sentiu uma íntima vontade de se retirar para uma pequena elevação para contemplar o sol se pondo por trás das montanhas. O vento soprava uma brisa suave que tocava seu rosto. Ouvia ao longe o canto dos pássaros que já procuravam um lugar para se abrigar dos perigos da noite. Rapidamente, passou por sua cabeça que Sarai devia estar na tenda preparando uma comida quente e saborosa para a última refeição do dia; mais tarde sob a proteção da tenda descansaria quando o frio e o silêncio da noite envolvessem tudo.

Quando Abrão se preparou para voltar, foi tomado pela Presença:

> – Ergue os olhos e olha, do lugar em que estás, para o norte e para o sul, para o Oriente e para o Ocidente. Toda a terra que vês, eu a darei a ti e à tua posteridade para sempre.[17]

A essa visita de Shaddai, Abrão estremeceu! Um misto de alegria e de suspensão tomou conta de seu espírito. Respondeu a Shaddai com profunda reverência. Ajuntou pedras e construiu ali um altar. Derramou vinho e óleo de oliveira sobre ele e invocou o nome de Shaddai. Examinou com cuidado a paisagem e deixou o coração sonhar com aquela bela terra de fronteiras eternas. Seu coração pulsou com uma força incomum e um misto de alegria e estupor tomou conta de seu íntimo.

Aquela visita ficaria registrada em seu coração por toda a sua vida.

Taré ensinara aos filhos que o culto a Shaddai deveria ser realizado com uma cerimônia muito simples. Escolhiam pedras com formato que permitisse erigi-las, como uma coluna, e, rezando ao Senhor, derramavam sobre as pedras o óleo, feito da oliveira, e vinho, como sinal de gratidão pela assistência divina.

Abrão passou a construir altares nos lugares em que foi visitado por Deus. A cada encontro um marco de fé. Os altares transformaram-se em santuários, os santuários em lugares santos de peregrinação e adoração à presença de Deus.

Havia uma relação íntima entre Deus, o homem e a terra. Nesse encontro do sagrado com a fé do homem, a natureza também se transforma em lugar sagrado. Daqui nasceu a tradição

---

[17] Ibid. Cap. 13,14-15.

das peregrinações aos lugares santos. Com o passar dos séculos, não somente os lugares de visitação de Deus aos patriarcas foram considerados como santuários, como também todo o território do reino de Israel foi considerado sagrado.

Das palavras ouvidas por Abrão na montanha, ressoou naquela noite em seu coração as promessas da posse de toda aquela terra. Seria um grande milagre operado por Shaddai que aquele pobre pastor, com seu pequeno clã, viesse a possuir toda aquela extensão de vales e montanhas. Mas o que mais encheu o coração de Abrão de desconcerto foi o fato de novamente o Céu ter falado de posteridade. Esse fato reacendeu um impetuoso desejo pelo calor de Sarai.

Visitaria Shaddai o seio estéril de Sarai naquela noite? Pensando assim, entregaram-se um ao outro amorosamente no leito conjugal.

Quando o dia amanheceu, Abrão pôs-se a meditar sobre aquela mensagem tão insólita. Lembrou-se das outras visitas de Shaddai e de como sentia-se tão consolado quando estava em sua presença.

Tudo era motivo de alegria naquele momento. Mas ainda havia uma estrela no firmamento de Abrão que precisava brilhar, ela chamava-se: descendência!

Abrão e Sarai já traziam no corpo as marcas do tempo, já não eram jovens. A cada ano, Abrão sentia que as possibilidades de Sarai gerar um filho estavam ficando cada vez mais improváveis. Percebera que Sarai também já sentia isso. Não cobrava nada dela, na verdade nunca cobrou de Sarai um filho, nem mesmo quis humilhá-la tomando para si uma concubina, como era seu direito. Amava-a profundamente, tinha uma grande admiração por sua esposa. Era uma princesa em sua tenda. Trazia consigo a dignidade própria das mulheres que são donas de si mesmas e que conseguem dominar a casa com muita luz.

Faltava-lhe um filho!

Agora Shaddai falara ao coração de Abrão de uma posteridade. De onde sairia essa posteridade? Seria de Sarai? Lembrou-se de que o direito tribal lhe permitia assumir os filhos dos servos como seus filhos. Ele tinha Eliezer, um servo que estava com sua família desde quando viveram em Harã, já há muitos anos. Originário de Damasco, era um homem muito humilde, cuidava com muito zelo de sua família. Desde que chegou ao clã, agradou profundamente o coração de Taré, que sentia que havia adquirido um verdadeiro e bom servo.

Eliezer sempre se mostrou um servo muito fiel a quem Abrão confiara o governo de seus bens quando assumiu a direção do clã.

Quando Ló se separou de Abrão, Eliezer assumiu seu lugar como um verdadeiro companheiro e amigo. Tinha esposa e filhos e vivia associado ao clã de Abrão mais por força de fidelidade do que por obrigações serviçais. Houve momentos em que Abrão quis deixá-lo partir com sua família e com o pequeno rebanho que lhe pertencia, mas o próprio Eliezer negara-se, queira ficar e partilhar do destino do clã. Haviam estabelecido entre si uma verdadeira relação fraterna. Sua presença trazia consolo e segurança ao patriarca.

Sem precipitar-se, resolveu deixar o Céu falar novamente.

CAPÍTULO IV

O REI DA PAZ

Os anos passaram. As estações, como um aluvião de águas, sucederam-se umas às outras, denunciando a lei da contingência. O mundo em volta de Abrão foi se transformando, crianças transformaram-se em homens, homens em senhores, senhores em reis. Alguns de quem Abrão nunca ouvira falar, nem mesmo os conhecia, eram aclamados como reis e senhores da terra. Cada pequeno território possuía um soberano local que governava como um verdadeiro déspota.

Terras precisam de reis, reis de exércitos para defender a terra. O ferro das espadas se torna a lei. Os homens vivem em uma busca insana de poder. O poder exige conquista e a conquista, o sangue de inocentes e a liberdade dos sonhadores.

A institucionalização da política sempre é sinal de que algo na ordem natural foi quebrado. Sempre que as relações sociais se tornam mediadas pelos políticos, significa que os bons costumes sociais foram pelos ares. Para quem é acostumado com a força da palavra dada, viver de regras estabelecidas pela vontade de poucos se torna um sinal visível da decadência dos tempos.

A notícia desses novos reis fez reacender em Abrão a dolorosa lembrança dos agitados dias de sua infância em Ur, quando as cidades-estados se digladiavam em guerras fratricidas em nome de reis e seus deuses. Somente mais tarde, com a ascensão de um rei poderoso e cruel, foi que as guerras diminuíram na mesopotâmia, sendo noticiadas somente em outras terras. De qualquer forma, o preço da paz era alto demais para homens livres.

Em meio a essas notícias, uma nuvem negra se alargou no céu luminoso de Abrão.

A vida tem de continuar! Mesmo em meio às constantes notícias de rumores de guerras e exércitos que se formavam para despejarem suas lanças e flechas sobre irmãos, o clã tentava manter as atividades rotineiras com normalidade.

Abrão meditava sobre os movimentos políticos que, de agora em diante, virara o tema preferido nas pequenas aldeias e nos mercados. Pensava consigo: o que traz a guerra é a ambição por poder. O poder está na terra! Quem domina um território domina sua capacidade de gerar vida, de gerar liberdade aos caminhantes. Coloca cercas de pedras nos sonhos dos pobres e muros para que já não haja mais terras livres, servindo somente para separar irmãos. A grande desgraça do homem é quando contempla em si um direito que pertence somente a Deus: ser senhor da vida. Daqui nascem todas as guerras!

Uma das velhas histórias que o saudoso Taré gostava de contar, quando os filhos estavam ao redor da mesa, era sobre a expulsão dos primeiros pais do paraíso. Quando os pais de todos os viventes, Adão e sua esposa Eva, perceberam que podiam ser como deuses, caminharam pela vereda sinuosa da desobediência. Como castigo, foram privados da vida fértil e segura do jardim do Criador e tornaram-se errantes, transmitindo para seus descendentes suas más inclinações. Por causa disso, tiveram que enterrar com as próprias mãos seu filho mais novo e expulsar para longe aquele que, por inveja, ceifou-lhe o direito à existência. A dor entrou e fincou raízes profundas no seio daquela primeira família.

O grito de dor, que emanou daquele primeiro lar, transpassou a história e rompeu a linha do tempo. Todos os lares terão para sempre ecos daquela primitiva desobediência, e lágrimas e soluços emanando de suas paredes caiadas pelo egoísmo e pela morte.

Por mais que sejam apregoadas razões nobres e dignas, sempre que um irmão empunha uma espada contra outro irmão, o que existe de mais nobre no espírito humano se desfaz em poeira. Nunca o ódio poderá servir como voz para falar de uma vida melhor. A terra está aí. O criador de tudo não faz guerra nem por um pedacinho sequer. Quem teve o trabalho de tudo criar soube partilhar tudo e, mesmo testemunhando as horrendas atitudes de destruição e egoísmo, praticadas pelos homens sobre a natureza, não a tomou de volta.

Se assim o faz Aquele que foi o autor de toda a criação, por que alguns se apropriam do que não lhes pertence e se dispõem a matar seus semelhantes em nome do que não lhes é de direito?

O espírito que anima os reis e senhores da guerra é aquele mesmo estranho espírito que sussurrou aos ouvidos dos primeiros *pais* na manhã da criação. Ali, diante da grande árvore da vida, propôs-lhes olhar para o outro lado, e, fixando o olhar sobre a exuberante árvore da ciência do bem e do mal, ambicionaram ardentemente comer seu fruto para poder *ser como deuses!*[18] Ser como deuses, recebendo adoração, honrarias, bajulações, ardendo de desejos de dominar o mundo pelo poder, pela beleza, pelo sexo, pelas propriedades. Tornando seus irmãos instrumentos de uso e parte de seus bens materiais.

[18] Relatos do Paraíso. Gênesis, capítulos 3 e 4.

O coração humano sucumbiu às inclinações do mal. Carrega consigo esse selo de pecado e está sempre a ouvir sua voz. Sabe o que é bom, mas não consegue realizá-lo. Está preso para sempre nesta corrente obscura que envenena sua natureza de filho de Deus criado unicamente por e para o amor, cabendo-lhe somente pelejar sem descanso, para alcançar a redenção na fé e na luta mortal contra o pecado e a idolatria.

Séculos mais tarde um jovem carpinteiro, do povo de Israel e descendente de Abrão, abriu a chave das cadeias eternas, que prendiam os corações, e, com sua oferta de amor, gerou um povo novo regido pela luz do Espírito do Senhor, que enfrentou em um combate de gigantes as forças obscuras do pecado e da morte.

Senhores da guerra e senhores da paz

Abrão ficou sabendo que uma batalha estava para estourar nas cidades do vale das planícies do leste, pois reis do oriente, da terra dos amorreus queriam dominar aquela região e as cidades que ali se situavam; entre elas estava Sodoma onde Ló habitava com sua família.

Os reis locais rapidamente organizaram suas fileiras de soldados improvisados. Camponeses transformaram-se em guerreiros e portavam com orgulho seus apetrechos bélicos. Todos os senhores das cidades da planície se juntaram para afugentar os invasores. Porém, eles não capitularam.

Quando os estandartes amorreus tremularam defronte do vale que dava acesso à planície do lado oriental, os exércitos das cidades da planície se organizaram em pelotões identificados por toscas bandeirolas.

Era questão de dias para a carnificina começar. Os militares faziam formas de combate: homens jovens e outros experientes, com elmos de couro para proteger a cabeça, traziam nas mãos lanças e escudos de madeira. Alguns oficiais usavam espadas e elmos encarapitados para se destacarem no meio da soldadesca.

Os exércitos dirigiram-se para o Vale do Sal, local mais apropriado para medirem suas forças de choque e o qual também servia como caminho para as cidades da planície.

Nas cidades o clima era de tensão. O medo do que poderia acontecer, caso os seus soldados fossem derrotados, era grande. Geralmente, a justiça do vencedor não permitia clemência, ou se era escravizado ou morto. Não havia acordo de rendição. Era a lei do ferro contra o ferro.

E o que aconteceria com a população escravizada, saqueada, tendo suas mulheres e crianças vendidas como escravas? Na guerra, a única opção para os que não estão aptos a lutar é fugir para o lugar mais longe possível.

Porém, como fugir, quando há esposos e filhos travando uma guerra que não pediram para lutar? Era preciso ficar na cidade para socorrer os feridos e, quem sabe, poder participar da festa e dos despojos com os sobreviventes que trariam a boa nova da vitória.

Quando o sol aqueceu com vigor o vale, um forte brado de guerra se ouviu, e os exércitos correram para se baterem no meio do campo. Em meio a gritos e urros, o tilintar de corpos e ferros se entrechocando, corpos sem vida foram caindo, outros feridos pelos golpes já não podiam continuar no meio do combate. Em meio à algazarra do vozerio ininteligível, nuvens de poeira escondia a confusão generalizada na planície areenta onde o combate se desenrolava.

A peleja pendeu com força para o exército invasor que era mais organizado e demonstrara maior obstinação na vitória.

Logo, os soldados que defendiam as cidades da planície começaram a abandonar o campo de batalha buscando escapar ao flagelo da espada. Também os senhores locais perceberam que o combate estava resolvido para o lado amorreu e buscaram abrigo escondendo-se nos campos de betume, uma região pantanosa que dava acesso à montanha. Antes, porém, que conseguissem escapar foram capturados. O exército vencedor invadiu todas as cidades da planície, começando pelas vizinhas Sodoma e Gomorra, partindo em seguida para as demais cidades do país, Adama, Seboim e Segor. Tomaram como espólio os rebanhos e a população para servirem como escravos domésticos ou para serem vendidos.

Como era costume, o exército vencedor dividia todo o espólio entre os oficiais e soldados. Dividiram grupos para continuar saqueando o território. Sem ter mais exércitos que pudessem fazer frente à invasão, não se preocuparam em proteger a retaguarda que ficava custodiando os prisioneiros e partiram resolutos em busca de mais rebanhos e escravos.

Ló e sua família tiveram a mesma sorte de seus concidadãos. Foram levados como escravos e tiveram seus bens confiscados. Seria o fim trágico daquela pequena família?

Do cajado à espada

As notícias logo correram de boca em boca, atravessaram o Jordão e chegaram à região montanhosa do Hebron onde estava o acampamento de Abrão.

Eram as piores notícias que se poderiam ter!

Abrão foi tomado de angústia e dor. Que tristeza! Notícias de morte, dor e desespero. Olhou para o céu em busca de uma palavra apropriada para dirigir a Shaddai, mas não conseguiu. Pensava consigo mesmo, compungido e tristonho em um lamento muito doloroso: – Que pena! Que pena!

Sarai viu estampadas, no rosto de seu esposo, a dor e a tristeza que se lhe assomaram ao coração com as notícias da sorte que coubera a Ló e sua família. Perdera seu sobrinho e sua parentela para sempre.

Tratou de trazê-lo para dentro da tenda para consolá-lo, mas, no coração de ambos, palpitava uma sensação de desânimo. Chegaria a guerra até aquelas montanhas? Que seria deles, agora que a terra havia sido invadida por um exército poderoso? E Ló estaria vivo? Para onde o levariam? Sua esposa e suas filhas? Ou teria morrido sem ter direito ao menos a um funeral digno!

Abrão percebeu que dentro dele reverberava o sentimento de paternidade por Ló. Lembrou-se de Arã, seu irmão mais novo, e da alegria que ele tivera ao ser pai. Veio-lhe à memória a imagem de Taré acolhendo entre os braços e amando o pequeno Ló, quando da morte de Arã. Uma dor cortante atravessou o interior de Abrão, mal conseguia conter as lágrimas. A responsabilidade de cuidar de Ló estava com ele que assumira o clã quando seu pai morreu.

Com os lábios trêmulos, Abrão deu um grito agudo de dor e, dessa vez, não invocou o nome de Shaddai, mas gritou com força por Taré: – Pai, ajuda-me! Diz-me o que fazer! Ajuda!

Entre lágrimas e soluços, seu coração foi se enchendo de uma força que parecia levantar o homem da terra. Por detrás da cortina da tenda, de forma discreta, Sarai com lágrimas nos olhos entregava a Shaddai toda a resolução que estava nascendo no coração de seu esposo. Ficaria com ele para sempre, caminharia para sempre com ele. Estava disposta a perder tudo, mesmo que esse tudo fosse o próprio Abrão.

Quando a sombra da guerra cobre o horizonte das vidas, aos homens, o campo da morte, às mulheres, o bosque escuro da dor. Não há sentimento pior do que se despedir de uma pessoa amada sabendo que a está entregando às mãos de um destino totalmente ocasional. A convivência com o flagelo da guerra faz do coração o órgão mais ativo do corpo, pois vive-se de palpitações e de picos de níveis cardíacos que dilatam as artérias provocando sensações de sufocamento e ansiedade.

A dor de Sarai estava estampada na decisão que nascia no coração de seu marido. Ela o apoiaria! Seria essa a sua batalha pessoal.

Abrão chamou seus servos, orientou-os de como deveriam ter reverência pela presença de Sarai no acampamento. Deu-lhes o direito de seguirem seus próprios caminhos caso seus intentos não saíssem como esperava. Depois tomou seu servo fiel, Eliezer, e alguns outros que conseguira reunir das cidades de Hebron, como alguns chefes locais, movidos pela grande estima que tinham pelo peregrino e também por um vivo desejo de vingar-se dos invasores por causa de seus parentes que habitavam aquela região, e empreendeu uma expedição de socorro aos irmãos da planície.

Antes de partir, Abrão dirigiu-se a sua tenda. Sarai o aguardava ansiosa!

– "Sarai!" Disse com voz embargada. Depois, sem mais palavras, apertou-a fortemente contra seu peito, em um longo abraço de despedida. Seus corações batiam tão fortes que permaneceram em uníssono, como se fossem um único órgão. Lágrimas rolaram dos rostos. As palavras ficaram presas na garganta. O silêncio deu a última nota da triste melodia da despedida.

Mais ao longe, as outras servas choravam copiosamente aquele grande infortúnio que se abatera sobre o pacífico clã.

O caminho da guerra

A guerra é filha única dos homens de guerra. Os homens pacíficos, quando são empurrados para esse aluvião de agonia, lutam mais pelo espírito de desespero do que por técnicas de combate.

Sem querer olhar para o que deixava para trás, Abrão partiu com toda a pressa para a região da planície. Seguia-o um pequeno exército de homens que levavam lanças e espadas. Andavam a pé conduzindo mulas com mantimentos e unguentos medicinais.

Durante o caminho, mal tiveram tempo de pensar no desfecho do combate. Tentaram manter a mente ocupada com conversas paralelas e olhos fixos no caminho para não acontecer de perderem tempo ou cruzarem inoportunamente com um exército inimigo.

No primeiro ponto escolhido para descansar, Abrão sentiu seu peito comprimir. Em todo o calor da situação, não levantou uma prece de socorro a Shaddai. Sentiu-se como um amigo que esquece seu grande Amigo.

Interiormente percebeu que um sentimento de culpa tomava conta de seu ser. Tomado de emoção, invocou a Shaddai, pedindo proteção, bom êxito naquela singular missão e a intervenção milagrosa do Senhor.

Depois que terminara a oração, a lua já dominava plenamente o firmamento, e estrelas brilhantes deixavam o céu com um esplendor infinito. Ao ver aquele espetáculo tão fecundo, uma paz invadiu a alma de Abrão. Pensou em Sarai e pediu paz para o coração de sua amada esposa. Ao olhar para seus companheiros que descansavam deitados no chão, rezou por suas mulheres e seus filhos. Sentiu pela primeira vez a enorme responsabilidade que tinha sobre aquelas vidas.

Olhou para o vulto de Eliezer deitado no chão duro, com a cabeça recostada em uma pedra, tentando encontrar o melhor jeito para dormir. Sentiu compaixão e gratidão por seu amigo e irmão. Um misto de medo e insegurança brotava de seu espírito. Pensou em sua família, que deixou para trás em nome da fidelidade. Era o melhor dos servos. Que recompensa poderia dar-lhe por tão grande exemplo de amizade e dedicação? Só há um prêmio para um coração fiel: a recíproca gratidão e amizade!

Abrão desejou ser da mesma forma para Shaddai, um servo bom e merecedor da amizade e compaixão de seu Deus. Recolheu-se e tentou dormir um pouco, deixando uma sentinela vigilante diante da pálida luz de uma fogueira providenciada para aquecer os corpos cansados durante a noite fria.

Logo caiu em sono profundo. Sonhou com Taré e a vida calma e pacífica das estepes. Via com alegria o pequeno rebanho que o seguia, enroscando-se nele; parecia até que quem estava conduzindo era o rebanho e ele era a ovelha. Sentia-se protegido e feliz. Conseguia sentir o cheiro dos bodes e das cabras misturados com os aromas que vinham da tenda de Sarai, que deveria estar cozinhando uma refeição muito saborosa.

Um feixe de luz bateu em seu rosto levando-o a abrir os olhos. Os homens já ficavam de pé. Prepararam uma refeição à base de pão cozido e leite de cabra, com castanhas e queijo.

Após revigorarem as forças, organizaram toda a bagagem e partiram em direção ao leste tentando alcançar a planície. Era um caminho considerável para percorrer a pé. Levaria ainda um dia inteiro de caminhada para chegar à região fronteiriça.

A rotina da caminhada deixou todos extenuados. Ao entrarem no território das primeiras cidades da planície, pensavam que iriam encontrar terras completamente arrasadas pela destruição, corpos dilacerados por todos os lados, feridos nas estradas, um céu enegrecido pela fumaça das cidades incendiadas. O clima de tensão foi substituído por certo alívio. A terra estava vazia. Ao longe, encontraram algumas pessoas vivendo em pequenas casas de pedra e sapê. Buscaram informações, mas não tiveram êxito.

Continuando a caminhada, encontraram um grupo que trabalhava na semeadura de um campo. Parecia que a guerra não havia chegado àquelas terras.

Ao indagarem sobre o exército amorreu e os moradores de Sodoma, foram informados que os combates aconteceram em uma região mais a leste de onde estavam e souberam que o povo de Sodoma e das cidades circunvizinhas estava preso em um território a noroeste da cidade, em um campo onde havia sido deixado sob a guarda de um grupamento de soldados que o levavam em marcha lenta por causa do grande número de feridos, mulheres e crianças.

Esse foi o sinal! Partiriam com rapidez para tentar encontrar o comboio que levava a presa da guerra.

Não demorou muito! Foram coletando pelo caminho informações com os moradores sobre a localização exata do exército inimigo.

Os que seguiam com Abrão eram ao todo trezentos e dezoito homens. À frente do grupo, estavam Abrão e seus amigos Mambré, Escol e Aner, que eram irmãos e muito considerados pela coragem e fama de guerreiros que possuíam. Segundo as tradições, Escol foi considerado um guerreiro lendário, a tal ponto que seu nome foi utilizado como denominação dos mais qualificados guerreiros que um exército possuía.

Ao chegarem ao lugar conhecido como Hoba, viram o acampamento inimigo custodiando o espólio da guerra. Essa visão encheu Abrão de esperança. Sentia que Deus o havia conduzido até ali para operar um grande livramento a todo aquele povo que se encontrava em situação tão lastimável.

Esperaram a noite chegar. Depois de observarem com cuidado o número de sentinelas, dividiram-se em grupos para atacar de todos os lados dando a impressão de que eram muitos. Coube a Abrão passar furtivamente pelas sentinelas e chegar aos currais humanos de prisioneiros para libertá-los e aumentar a confusão no acampamento.

O coração de Abrão batia em ritmo acelerado, tentando não pensar na sorte que os esperava. Concentrou seus pensamentos em Ló; se o encontrasse com vida, como ficaria feliz pela libertação tão improvável.

Chegou a hora do combate! Os que acompanhavam Abrão iniciaram uma série de escaramuças contra as sentinelas. De todos os lados do acampamento, o sibilar agudo das flechas, que eram atiradas, cortava a escuridão causando uma correria desmedida dentro do acampamento. Pedras que partiam de fundas cortavam o ar com zunidos amedrontadores, e tochas acesas eram jogadas nas tendas. Foi um corre-corre desconcertante para os soldados do exército amorreu.

Enquanto os combates começavam aqui e ali, gritos e ordens corriam de lado a lado. Abrão passou com seu servo Eliezer e mais alguns que o acompanharam pelas linhas inimigas sem serem percebidos.

Com uma lança na mão e um cajado de pastor na outra, Abrão rezava interiormente para que Shaddai os preservasse do combate, colocando um véu sobre eles para que não fossem percebidos e não tivessem que enfrentar um soldado inimigo.

O coração de Abrão batia forte, o sobressalto tomou conta de seu espírito. Estar ali, naquela noite, era uma coisa que jamais pensara. Sem dúvida alguma era um dos piores dias de sua vida. Mesmo tendo a possibilidade de salvar seu sobrinho Ló e toda a sua família, o clima de guerra não era para a natureza pacífica de Abrão. Ele via que o medo estava estampado nos olhos de Eliezer e temeu por ele. Tinha de demonstrar segurança e obstinação para que os demais se sentissem mais seguros.

Abrão correu de um lado para o outro com seu pequeno grupo, empurrando homens que mais pareciam sombras, alguns caíam, outros davam gritos e lançavam olhares assustados na direção do pequeno pelotão. Mas por graça generosa de Shaddai, ninguém levantou a espada para Abrão.

Ao avistarem ao longe um aglomerado de homens e mulheres que não podiam sair do lugar, entendeu que eram os prisioneiros, pois não reagiam ao alvoroço que agitava o acampamento.

Correu com todas as suas forças na direção do grupo. Percebeu que estavam presos por cordas amarradas ao pescoço e à cintura. Homens seminus, mulheres com faces chorosas e crianças de feições desesperadas fixavam os olhares tristes na direção deles. Quando começaram a cortar as cordas, todos se levantaram, como em um movimento combinado, retiraram as cordas de sobre o corpo com rapidez desesperadora e saíram correndo em todas as direções.

Abrão gritava por Ló. De repente, sentiu seu braço ser puxado pela sombra de um homem muito sujo, de braços fortes e feições familiares. Abrão não teve dúvidas. Em um sobressalto, abraçou com todas as suas forças aquele ser que mais parecia um fantasma. Lágrimas lavaram os rostos tensos. Abrão encontrou Ló.

Juntaram-se ao grupo vários prisioneiros para ajudarem a libertar os demais do jugo das correias, enquanto outros pegaram armas para entrarem em combate.

Com o auxílio de mais pessoas, logo encontraram outros grupos aprisionados e foram libertando a todos. Ló encontrou sua mulher que estava amarrada às duas filhas.

Os soldados inimigos fugiram em debandada, cheios de grande confusão pelo ataque tão inesperado. Os que antes eram prisioneiros agora se abraçavam e celebravam a coragem do pequeno exército de libertação, que, movido pelo espírito de fraternidade, empreendeu tão grande façanha.

Abrão estava extremamente jubiloso. Parecia um grande general conquistando o mundo. Sentiu-se tão forte, tão capaz! Poderia marchar com seus homens por meio dos desertos de todas as regiões e implantar o reino dos pastores que viveriam sob a bandeira de Shaddai.

Que alívio! Graças ao Senhor de todas as necessidades o milagre acontecera. Alguns homens ficaram feridos, alguns até demandando maiores cuidados, mas não houve baixas. O grupo foi inteligente o suficiente para embaralhar as sentinelas sem entrar em combate direto com o exército profissional dos amorreus. Os poucos que lutaram corpo a corpo tiveram a vantagem de parecerem estar em maior número, o que causava uma sensação de pânico no acampamento inimigo.

Agora, chegou a hora de organizar tudo e todos. Alguns homens logo se identificaram como chefes do povaréu. As famílias buscavam se organizar procurando encontrar as crianças e alimentá-las.

As trevas daquela noite escura foram transformadas em um lindo e efervescente amanhecer. Por trás da fumaça dos atoches, a brisa suave da noite trouxe de volta aos corações a esperança de que a vida, apesar daquela grande desventura, voltaria a seguir o caminho rotineiro.

O Rei da Paz

Quando situações da vida levam o espírito humano do desespero à alegria de uma vitória, o que sobra é o gozo da alma e uma inevitável nostalgia. A existência ganha cores novas e vibrantes, a natureza se rejuvenesce, até no ar se sente os aromas das flores primaveris. No coração ficam registrados os sinais da violência que o espírito sofreu. O trauma se instala nas zonas profundas do inconsciente; um dia voltará a gritar com força.

Assim estava o coração de Abrão! De toda a dor que sentira, restara somente a pálida lembrança das horas de desespero que agora ganhavam tons de arco-íris.

Abrão reuniu-se com Ló e sua família. Seus servos o rodeavam, e todos, unanimemente, alegravam-se, contando entusiasmados, ao mesmo tempo, as histórias do ditoso combate contra o exército amorreu.

Ao chegarem ao Vale de *Save*, o vale do Rei, os dois reis locais de Sodoma e Gomorra, *homenageados* ironicamente pelos habitantes como Bara e Bersa, que significa respectivamente "o malicioso" e "o mal", queriam entregar a Abrão todos os bens como recompensa pela libertação. É que os homens de poder não entendem bem o valor que move os corações senão em recompensas materiais. Seus corações só buscam esse tipo de gratidão. Não sabem reconhecer o sentido da caridade, da misericórdia e dos laços fraternos que fundamenta o sentido de pertencimento a um clã.

Abrão não aceitou. – "Que ninguém diga: eu enriqueci!", respondeu. Pediu somente a parte que cabia aos seus servos e aos amigos Mambré, Aner e Escol que empreenderam tão perigosa missão com seus homens.

No coração de Abrão, aquele espólio de guerra pertencia somente a Shaddai, vencedor daquele combate, mas não podia negar que os homens que o acompanhavam tivessem sua parte na vitória.

O coração do grande vencedor não está ligado a despojos de guerra ou troféus comemorativos. Em seu coração, as vitórias nas lutas da vida são um altar em que a bandeira da fidelidade tremula sob os ventos infindáveis de um céu dourado. O que resta é pura gratidão e reconhecimento pela graça alcançada.

Quando os reis se afastaram de Abrão, uma comitiva real se aproximou. Um venerável ancião de feições ternas e gestos gentis apresentou-se a Abrão:

– "Eu sou Melquisedec, o rei-sacerdote de Salém (Rei da Paz). E continuou: – "Sirvo a *El'Elyon,* o Deus Altíssimo". "Trago-te de sua parte uma oferta de pão e vinho, como reconhecimento pela vitória e sinal de bênção para tua posteridade".

E pronunciou uma singular oração em forma de bênção:

– "Bendito seja, Abrão por El[19]

Que criou o céu e a terra.

[19] Antiga divindade cananeia. Para muitos estudiosos, é o nome mais primitivo de Deus na cultura bíblica. Pertencia originalmente ao panteão cananeu. Mais tarde, foi sucedido por Baal. Os primeiros grupos tribais, descendentes de Israel, adotaram o nome El como nome do Deus a quem prestavam culto.

E bendito seja El
que entregou teus inimigos entre tuas mãos."

Por essa bênção, Abrão, em sinal de gratidão e acolhida, ofertou-lhe um dízimo do que levara consigo para aquela empreitada.

Ao tomar o caminho de volta para casa, depois de se despedir com muitos abraços e rogos de bênçãos sobre Ló e sua família, Abrão pôs-se a refletir sobre tudo que acontecera, como aqueles dias foram tão agitados e tensos, como a dor e a tristeza transformaram-se em alegria e gozo, como se transformou algo dentro dele que nem mesmo conseguia entender.

Aquele encontro com o velho rei de Salém deixou marcas indeléveis na alma de Abrão. Sua oferta de pão e vinho o que significaria? Que mistérios estariam escondidos naquela atitude que mais parecia um rito cerimonial? De qualquer forma, pão e vinho estavam na base da alimentação daqueles povos. Trazia consigo um sinal devocional de ação de graças pelo benefício do fruto do trabalho humano que participa da ação providencial do Senhor em fecundar a terra.

Pão e vinho são frutos do suor do trabalho humano, gerados no seio escuro da terra, para depois trazer alegria às mesas. Juntos, pão e vinho transformar-se-ão na verdadeira oferta eucarística. Mistério velado de amor.

Abrão sabia que algo muito novo acontecera ali. Olhava para o horizonte e via com os olhos da alma que o Mistério comunicava-se com ele naquele gesto solene.

Apesar das insistentes tentativas de levar Ló de volta para o clã, para viverem juntos em Hebron e partilhar daquela terra de bênçãos, Ló preferiu ficar na região da planície e partir de volta para

Sodoma. Iria recomeçar a vida sem ter mais nada, pois sua casa foi queimada, seu rebanho foi todo tomado. Só tinha a roupa do corpo, sua comedida mulher e as duas filhas.

A despedida deixou o coração de Abrão enternecido. Ofereceu a seu sobrinho umas roupas que trouxera por prevenção e deu-lhe alguns siclos – moedas – e uma mula para que tivesse como comprar comida. Jurou para si mesmo que não se esqueceria de Ló e seu pequeno clã.

Quando os viu desaparecerem por trás da colina, Abrão foi sacudido por um estranho pressentimento; algo ruim, muito pior estaria para marcar a história daquele pequeno ajuntamento familiar.

Tomando o caminho de casa, Abrão olhou ao longe aquela terra que os seus companheiros de viagem apontaram como sendo o reino de Salém. No coração do patriarca, brilhou uma luz. Sentiu uma mistura de uma paz eterna com sombras de pavor. Não sabia ele que Salém, séculos mais tarde, seria conquistada por um descendente seu e transformada em capital do reino. Que de lá seria dito ser o trono de Deus, lugar de uma morte injusta e testemunha da maior notícia da história humana.

Povos e reinos marchariam naquelas terras que Abrão conquistara pela caridade fraterna. Em nome da fé, destruiriam e reconstruiriam em uma infindável onda de violência e ódio, aquela terra que primeiramente foi chamada de Reino da Paz.

Ainda sobrava a lembrança do rito do velho sacerdote-rei: Pão e vinho. Diante do mistério, Abrão calou as vozes agitadas do coração, elevou uma prece a Shaddai e lhe apresentou aquela oferenda.

Incontáveis dias depois, pão e vinho selaram uma nova e eterna aliança entre Deus, feito homem, e os homens e as mulheres de todos os tempos, todas raças e todos lugares. Do mistério da graça fluiu um sinal: o Emmanuel – o Deus Conosco.

Abrão trazia em suas mãos um mistério, simples como o pão e suave como o vinho. Seu coração lhe falou de eternidade naquele gesto, e diante do eterno, cabe somente ao homem silenciar em profunda adoração. Subiu a uma pequena colina para buscar um lugar solitário para se recolher e entrou logo em oração. Invocou Shaddai, o *Deus das estepes, que caminha comigo*! *O Deus comigo.*

Shaddai dessa vez lhe responderia!

CAPÍTULO V

ENCONTROS

A história sagrada guardou memoráveis encontros entre o humano e o divino, entendendo por humano, não uma oposição existencial ao mistério, mas uma realidade biológica e temporal, sujeita à contingência e à precariedade.

Sempre que aconteceu uma força irradiadora brotada desse fenômeno transformou a vida e a história de um tempo e uma sociedade.

A humanidade sempre buscou sinais do transcendente na cultura e na realidade existente. Obsessivamente o ser humano nunca se conformou à matéria criada, olhou para si mesmo, para a natureza e para as vastidões do universo e percebeu que havia algo que estava para além da ordem natural de todas as coisas. O *doctor angelicus*, Santo Tomás de Aquino, que viveu no século XIII, assim descreveu o objeto desta inquietude: o Inominável, o Transcendente, o Misterioso. E contemplou com espanto a identidade do mistério: Ele é o OUTRO! Aquele que é incriado, inviolável, inalcançável, acima do tempo e da matéria.

O frade franciscano Ignácio Larrañaga (2013)[20] tomava emprestado as ideias dos místicos do século XVI que chamavam esses *encontros* entre Deus e o ser humano de "Graça Infusa Extraordinária", relacionando essa graça ao momento em que o numinoso visitava o coração de uma pessoa, gerando nela uma novíssima experiência de fé, despertando no coração uma proposta de vida e de revelação que tornava-se como que uma chama ardente a orientar o caminhante para as realidades do Reino dos Céus por toda a vida.

Era, é, e sempre será um fato extraordinário quando o coração de uma pessoa recebe a visita de Deus. Tudo se transforma, renova-se e se integra. A fonte da vida espiritual reside nessa realidade da graça infusa do Espírito Santo. Pode acontecer uma única vez na vida de uma pessoa, notadamente no momento em que, em uma dada circunstância, aquela visita promove uma profunda conversão. Esse momento vai ser sempre o ponto culminante, a fonte, o combustível que alimentará a chama da fé pelo resto da vida.

Outras vezes, pode acontecer repetidamente ou de tempos em tempos. No caso de Abrão foi exatamente assim: em vários momentos, sentiu-se plenamente envolvido pela presença vivificante, terna e amorosa de Deus a conduzir sua vida e seu destino.

Esse acontecimento místico não é propriedade de pessoas especiais, de personalidades elevadas, dotadas de dons extraordinários ou de uma caminhada rigorosamente radical na vida de fé. É uma graça especial vinda do céu para preencher e povoar o coração humano, que busca, à luz da fé, encontrar-se com Deus.

Na perspectiva desse encontro, o Espírito revela ao coração que a escolha é deliberação unilateral do Senhor e que a santidade da vida não se baseia em uma busca desenfreada pela perfeição e uma fuga radical e alienada do pecado, que muitas vezes substitui a vida de fé, por um excesso de escrúpulos morais e sociais. A santidade,

---

[20] Larranãga. *Mostra-me Teu rosto.* 1ª ed. de 1974.

que é graça e dom, repousa sobre as realidades inerentes ao encontro verdadeiro com o Senhor, na capacidade de acolher sua presença, também acolhendo as limitações impostas pela existência, que não é obstáculo para a relação com o sagrado.

Os encontrados pelo Senhor transformam a vida em um sacramento de amor e oração. A experiência de Deus sempre conduz ao caminho de conversão e santidade. Ninguém "toca" a Deus sem, depois, ser transformado por sua graça.

O que se opõe à santidade é o pecado, no entanto ele não possui a capacidade de impedir o encontro com a misericórdia de Deus. É empresa humana se desprender das correntes que geram o pecado, que são tão atraentes quanto envolventes, mas que obstaculizam a relação com o Santo dos Santos, pois gera na consciência uma percepção de ruptura com o amor divino, levando ao distanciamento, chegando ao ponto de negar a relação natural de Deus com o coração. Este é o grande mal do pecado, a sensação de trair o amor eterno de Deus, para, depois, afastar-se por se sentir indigno de sua presença.

Toda alma que experimenta a graça de Deus continua livre para escolher seus caminhos, porém, uma vez decidida a manter a chama daquele fogo aceso, *aquele* encontro, tem toda potência necessária para transformar com radicalidade – a partir da raiz – a pessoa e todas as circunstâncias de sua vida.

O grande prêmio do encontro com Deus está na fecundidade que nasce da vida interior. A existência se dinamiza, a vida familiar e social se transforma em encanto e felicidade. Tudo se plenifica! Cada pessoa, cada nova experiência, as situações mais adversas ganham contornos diferentes. Percebe-se que as lutas e tragédias da vida foram superadas por Aquela presença viva, radiante de paz, luz e esperança. Tudo encontra sentido, sossego e plenitude! A consolação finca sua habitação no coração. Supera-se o egoísmo, vence-se a egolatria. Os homens voltam a ser irmãos, construtores de um reino de fraternidade e justiça.

A humanidade recebeu um belíssimo presente do Criador: seu amor!

Naqueles dias, quando Abrão chegou a seu acampamento sobre o monte Hebron, ao lugar conhecido como Carvalho de Mambré, sua alma deliciou-se com a visão de Sarai. O clima transformou-se em festa e, ao som das flautas e de rústicos pandeiros e atabaques, a festa do retorno ganhou o dia. Havia grande alegria e entusiasmo entre os servos. Todos queriam ouvir pela enésima vez as histórias do feroz combate, aumentadas as façanhas dos combatentes na mesma proporção da alegria que era aquecida pelo vinho doce servido sem desdita aos convivas.

Abrão sentia todo o vigor de um jovem guerreiro tribal. Estava mais forte, mais audacioso, falava mais. Sentiu um grande desejo pelo seio de Sarai. Como era linda, desejável a seus olhos. Não demorou muito para se encontrarem no recanto mais íntimo da tenda, onde soldados deixavam suas lanças de lado e trocavam os brados de guerra pelas cantigas de amor. Aquela noite foi profundamente consoladora para a alma de Abrão.

Ainda movido pela adrenalina dos dias anteriores, levantou-se enquanto ainda estava escuro. Sentiu um forte impulso interior para orar!

Começou por invocar Shaddai. Sob a tênue luz de uma pequena lamparina, em sua oração falou de gratidão e de ambiguidades. Em seu coração surgiram dúvidas: a divindade do velho sacerdote-rei era real? A que ritos se dirigia quando ofertava a Abrão pão e vinho? E Ló, com sua pequena família? Qual seria sua sorte agora que estava novamente sozinho?

O silêncio envolveu o coração do patriarca. Subitamente, ouviu com clareza uma voz suave, que lhe lembrou o velho Taré. Tinha um tom familiar, suave como uma canção de ninar, mas forte como um trovão.

– Nada temas Abrão, sou teu *Go'el*;
tua recompensa será muito grande.[21]

Ao ouvir aquela voz, o ímpeto da noite anterior aflorou em seu íntimo. Dessa vez não deixaria de indagar seu interlocutor: – "Senhor, que me dareis vós? Eu não tenho posteridade. Meu herdeiro é meu servo Eliezer de Damasco."

E, com voz embargada, derramou na presença do Senhor sua dor: – "Vós me chamais de vosso servo e amigo, mas não me destes uma posteridade para dar continuidade ao meu nome". E continuou: – "É a um escravo que deixarei o fruto de minhas fadigas, meus bens, meu sonhos!"

Abrão estava resolvido a não declinar de suas inquietações com o Senhor. Era naquele instante, como a criança que enfrenta o pai, que derramaria suas insatisfações e dores. Um misto de impaciência e de inconformidade transparecia naquelas palavras. Os amigos pareciam estar em zonas de choque. O pequeno se rebelava contra o Todo-Poderoso e não tinha medo.

O medo é uma condição de quem não confia. A verdadeira amizade/intimidade nasce da efetiva relação de dois corações que se abrem um a outro gerando uma unidade existencial, baseada na mútua confiança, lealdade e verdade.

Abrão não teve medo de exprimir-se com aquelas palavras tão amargas e verdadeiras. Logo foi tomado de uma forte compunção, como alguém que ofende aquele a quem tanto ama. Pensou em dirigir palavras de perdão, mas a amizade entre os dois era tamanha que já havia adquirido um clima fraterno de íntima liberdade.

---

[21] Go'El – Lit. Resgatador. O que exerce o direito legal de resgatar um escravo ou de punir o agressor de um parente próximo. A quem cabia o direito de fazer justiça em prol dos mais vulneráveis.

O Senhor rompeu o silêncio e, com grande intimidade no falar, disse a Abrão: – “Não é teu servo que será teu herdeiro, mas aquele que será gerado de tuas entranhas”.

A essas palavras, o Espírito do Senhor conduziu Abrão para fora da tenda: – “Olha para o céu e conta as estrelas, se és capaz... Pois bem, assim será a tua descendência”.

Parecia que um vulcão prestes a entrar em erupção remexia o interior de Abrão, ao mesmo tempo em que uma sensação de quietude tomava conta daquele momento sagrado. A lua, as estrelas, o céu colmado de cores da noite, tudo cintilava sob as poderosas e profundas palavras de Shaddai.

Na alma de Abrão reverberou aquelas palavras com uma força de eternidade. Algo dentro dele se prostrava com reverência ante aquela invectiva. Abrão acreditou com todo o seu coração. Ficara com o coração inflamado de esperança, e lágrimas umedeceram sua face. Prostrou-se com deferência e elevou louvores ao Deus, que lhe devotava tanto amor e tanta atenção.

Ainda em estado de graça, ouviu palavras eternas sobre sua posteridade, que seria grande e possuiria toda aquela terra. Viu em uma visão a fórmula de uma estranha aliança, realizada com o rito pastoril do sacrifício sanguinolento. Diante da visão do rito da aliança, Abrão foi tomado de uma forte angústia, e uma escuridão pavorosa envolveu seu espírito. O Senhor falara-lhe de tempos de grande sofrimento, de um longo jugo de escravidão, dor e morte. Com o decorrer de certo tempo, viria a grande libertação. A dor seria transformada em consolação, e as cadeias da morte seriam destruídas para sempre.

O amanhecer trouxe ao coração do patriarca uma certeza: aquele que lhe falara na noite anterior era alguém mais do que somente Shaddai, era uma nova e rica experiência de fé. Do encontro da noite anterior brotara uma nova revelação! Abrão tomou a firme resolução de que, a partir daquele dia, invocaria o Senhor seu

Deus como El Shaddai, o Deus dos pais pastores e Senhor do reino da paz: o Deus Altíssimo.

Agar e o Deus, que vê

A vocação do homem, aqui entendido enquanto gênero humano, é fazer da vida uma realidade que se enriquece constantemente e que é repleta de encontros e desencontros. Vida e morte, sonhos e desilusões, alegrias e tristezas, todos os dias se encontram. No fim de tudo, quando a última chama começa a crepitar anunciando o crepúsculo final, o que sobra é a fé. A vida é feita de tantos contrastes. Pobre da alma humana se não aprende a se refugiar sob a sombra fugidia da fé. Caminhando sempre em meio a sombras, o coração é peregrino de si mesmo!

A pessoa começa a morrer quando começa a desistir de sonhar. Ela para de sonhar quando percebe que as possibilidades já não poderão ser alcançadas diante das suas próprias limitações. O sonho encontrou uma montanha intransponível, o tempo!

Passou a infância, muitos sonhos emergiram daquele tempo colorido e feliz com avidez e continuam a correr nos infindáveis campos verdes, como corcéis selvagens. Com a chegada da juventude, os sonhos ganham contornos dramáticos. Junto aos belos sonhos crescem as ervas daninhas das crises, dos medos e sobressaltos que nada mais são do que resquícios de velhos temores da infância retroalimentadas pelas dúvidas e pelos anseios diante do novo que está por vir.

Quando a pessoa se encontra na fase adulta da vida, percebe que ainda tem muita lenha para continuar alimentando o fogo de antigos sonhos e desejos. Porém passam-se os anos; daqui a pouco o sol começa a se pôr por detrás das montanhas. Sem que tenha percebido a aurora da vida começa a definhar. Os sonhos já começam a ser deixados de lado e o que sobra são memórias de tempos e lembranças que foram vividos, que não voltarão jamais.

Entramos na estrada que vai dar no pórtico frio do eterno silêncio. A resignação tomou conta do território todo da alma. Os desejos da juventude se foram como folhas amareladas que se desprenderam da árvore, levados pela pequena brisa.

Quais caminhos poderiam ainda resistir? O coração que consegue se apegar com força obstinada à vida é aquele que não desiste de caminhar, não aceita parar de viver mesmo diante do declínio. Alimenta interiormente sonhos que transcendem a si mesmo e se desdobra para outras novas realidades, que podem ser filhos, velhos amigos ou um projeto de vida ainda não realizado. Mesmo em meio ao crepúsculo da vida, busca encontrar sentido e forças para continuar a caminhada, motivando-se a permanecer na aventura da existência, alimentado de fé e esperança. Quem tem propósitos não definha jamais!

O pobre Abrão foi desses que não se deixou intimidar nem pelo tempo, nem pelo declínio. Embora resistindo, é possível perceber a chegada das inquietações próprias da idade e de um começo de resignação.

Abrão já não rezava como antes, sua relação oracional com El Shaddai havia chegado a um alto nível de intimidade. Eram amigos! Apenas esperava.

Certo dia, Sarai resolveu derramar sua dor em presença de seu marido. Sentia-se como uma árvore sem frutos, como um oásis sem sombra. Faltava-lhe o calor de um filho. Pesava-lhe muito perceber que, mesmo mantendo sempre um ar passivo e indiferente, seu marido sofria muito interiormente por não ter posteridade. Os amigos de Abrão deviam falar muito mal dele, até fazer chacota de sua condição de chefe de clã sem descendentes. Era humilhante para ambos aquela situação.

Lembrou a Abrão que este havia falado de promessas feitas por Shaddai. Promessas de posteridade, posse de terras e prosperidade. Mas os anos passavam, e as promessas não se cumpriam. Não teriam sido fruto da imaginação de seu esposo? Poderia realmente Deus conceder ainda filhos a Abrão de seu seio que já estava visivelmente chegando ao termo?

Em um ato de abandono e profunda caridade com seu marido, Sarai tomou a firme resolução de não se opor a Abrão exercer o direito de possuir as servas não casadas que lhe pertenciam e, assim, poder ter esta grande alegria de gerar filhos. Falou-lhe ao coração de sua serva Agar, que haviam adquirido quando desceram ao Egito; naquela altura já era uma mulher formada, porém ainda sem marido. Sarai tinha grande apreço por sua serva. Poderia ela formar o harém tribal de Abrão.

Era um costume que fazia parte do direito de propriedade do senhor com seus servos e suas servas. Não causava nenhuma estranheza ou mesmo escândalo, mesmo entre os pastores tão apegados à família como eram. A poligamia era comum e aceitável. O pano de fundo dessa tradição era a manutenção do clã, pois, quanto maior fosse, ou seja, quanto mais descendentes possuísse, mais forte, produtivo e rico seria.

Abrão relutou à ideia de sua esposa. Pensava consigo que o Senhor não aprovaria o caminho que tomava para realizar sua promessa. Mas Sarai convenceu Abrão. Os filhos nascidos no harém pertenciam com todos os direitos ao senhor do clã. Um filho que nascesse dessa relação seria um filho adotado pela tribo como filho legítimo.

Aquela proposta perturbou o espírito de Abrão. Para Deus realizar seus projetos é válido ao homem buscar atalhos ou caminhos alternativos? A vida já não havia dado tantas provas e lições de que a fé se sustenta em um ato de abandono e espera?

Abrão percebeu que ainda havia em seu coração uma pálida luz de esperança de que Sarai lhe geraria um descendente! Passou por seu coração que o que estava em jogo naquele momento era poder dar um pouco de consolo a Sarai. O coração de quem ama está sempre se dilatando na direção da pessoa amada.

Aceitar a proposta de sua esposa seria o mesmo que dar um não à sua fé na ação providencial e amorosa de Shaddai. Abrão estava em meio a uma encruzilhada! Quem sacrificaria naquele momento: a angustiosa Sarai ou o paciente Shaddai? Seu amor ou sua fé?

Por mais que a vida de uma pessoa se decline para o espírito, a carne sempre assume o primado do amor. Abrão aceitou, não sem certo constrangimento, o desejo de sua amada esposa.

Aquela, sem dúvida alguma, foi uma das situações mais constrangedoras da caminhada de Abrão à frente do pequeno clã. E, não sem certa resistência, foi difícil para o patriarca cumprir com sua missão de chefe. Seu coração era todo de Sarai, sua fé toda de El Shaddai.

Chegou o dia da condução de Agar à tenda de Abrão. As poucas lâmpadas de óleo, que havia na tenda e lançavam sua luminosidade tremeluzente sobre o ambiente interior, logo seriam apagadas. No átrio mais interno, Agar estava à espera de seu senhor. Aqueles dois corpos se encontraram em diferentes tons. Enquanto Abrão tentava não pensar em nada mais do que cumprir com sua obrigação de chefe de clã, Agar alimentava um sentimento íntimo de que aquele momento mudaria para sempre sua condição dentro da tribo. De fato, gerar um herdeiro para seu senhor lhe outorgaria condições de igualdade com sua senhora Sarai, que já estava em idade avançada e não possuía filhos. Se o destino lhe permitisse gerar um varão ao seu senhor, seria ela – Agar – a mãe do único herdeiro de Abrão, tendo o direito de assumir uma condição privilegiada no clã. Acalentava secretamente esse sonho com cada vez mais esperança, principalmente por testemunhar a avançada idade de sua senhora e as pouquíssimas possibilidades físicas de ainda poder gerar filhos para herdar o cajado de chefe. Desejou ardentemente ser mãe de muitos filhos daquele senhor tão digno e venerável.

Não havia injustiça naquele encontro. Cada um se apresentou no leito com um projeto de vida e de fé!

Corpos se uniram, sem palavras ou olhares cobiçosos; foram respeitosos um com o outro, tratando-se com reverência e acolhida. Abrão sentiu um misto de pena e gratidão pelo gesto generoso de Agar, olhou-a com ternura e respeito, dando-lhe sua bênção de chefe da família à qual ela, agora, estava associada para sempre.

Levantou-se bem cedo e saiu discretamente para pastorear com os demais servos na estepe montanhosa. Precisava da solidão da montanha e ficar um pouco distante do acampamento. Só não conseguiu deixar de ter os sentidos fixos em Sarai.

Enquanto andava pelas encostas com o rebanho, ficara imaginando o que se passara no coração de sua esposa, como deveria estar se sentindo humilhada por ter que entregar o companheiro de tão longa data, de tantos momentos de intimidades, de sonhos partilhados no leito conjugal a uma serva, para que pudesse lhe dar aquilo que deveria ser um presente dela. Como deveria estar se sentindo solitária e, talvez, até abandonada! Seu comportamento silencioso denunciava que algo lhe deixara perturbada naquela noite tão inóspita. Era o alto preço que o amor exigia de ambos. Só lhes restava continuar o caminho, pois a jornada da vida não permite voltar atrás, nem parar o movimento do mundo.

Diante do drama que emergia por causa da recíproca afeição que nutriam, Abrão encontrou na oração o consolo de que necessitava e orou para que Sarai pudesse receber o benefício de sua oração por ela.

Ao fim da manhã, uma certeza iluminou com força o horizonte de seu coração: tudo está nas mãos amorosas de El Shaddai. Que Ele resolva!

El Roí

Os dias foram passando, e tudo continuava como sempre. Os homens iam e vinham em um infindável movimento de chegadas e partidas. Falavam das mesmas histórias, guerras e dos rumores de guerra, de novas aldeias e perspectivas de novos negócios que surgiam aqui e ali, nascimentos e mortes. O tempo não para, o movimento da urbe é incessante. As estações, de uma a outra, vêm e vão em um interminável ciclo de nascimento, morte e ressurreição. Tudo se renova!

No interstício daqueles dias, uma notícia agitou o pequeno clã sobre a montanha. Agar, a serva vinda da terra do rei-deus, gerara um filho ao seu senhor. Gritos de alegria e júbilo tomaram conta do acampamento. Abrão não se continha de alegria. Um filho! Exclamava o agora já idoso patriarca.

No coração de Abrão batiam, em elevadíssima harmonia, palavras de gratidão e de reconhecimento pela graça concedida por El Shaddai ao pequeno clã. Agora era pedir ao Senhor que enviasse um menino para herdar o cajado de chefe do povo.

Parecia que todos os caminhos voltavam a se abrir. O horizonte estava mais dourado como os belíssimos dias da aurora primaveril. O canto dos pássaros entoava em tom maior o louvor das criaturas. Tudo ia bem. Os olhos do velho patriarca brilhavam com a ideia de ter um filho em idade tão avançada.

Quem foi chamado para servir como sentinela deve manter-se sempre desperto! A ordem pressupõe vigilância e diligência. Nos momentos de calmaria, as novidades ganham um peso psicológico muito ampliado.

O que poderia acontecer para que a harmonia daqueles dias fosse quebrada?

Ciúmes! Diante de toda a alegria pela notícia da geração de um descendente a Abrão, três vidas estavam se entrelaçando em uma dramática realidade que se encadeava em três diferentes perspectivas, Abrão, Sarai e Agar. Abrão desejava ardentemente ser pai, ter a feliz dádiva de amar um filho, possuir uma descendência para caminhar com ele, para dar prosseguimento à vida do clã e ser um sinal conciso da realização da palavra de Shaddai; Sarai queria ser mãe, para realizar o desígnio que lhe era atribuído enquanto esposa, para ter a alegria de transbordar todo o seu amor a um ser que ampliasse a relação familiar como fruto do amor conjugal e, finalmente, poder consolar o amado esposo; Agar queria ser mãe de um filho do chefe do clã, para que sua condição no meio da tribo pudesse ser reconhecida, para poder ter direito a uma herança justa e digna como recompensa por todos os dias que serviu como uma serva fiel, além, é claro, de todos os sonhos e todas as expectativas que existem no universo feminino quando se trata de maternidade.

As tensões entre a grande senhora e a serva começaram a se manifestar! Sarai, sensível como era, percebera que sua serva mudara seu comportamento, solicitando determinados direitos de ser servida, ficando indiferente à autoridade de sua senhora.

O olhar de Agar para Sarai já demonstrava que uma ruptura se entranhava na relação entre as duas. Agar exigia as mesmas prerrogativas de sua senhora, até se colocando como mais necessária por causa de sua situação enquanto futura mãe.

O peso da idade, mais a incapacidade de ser mãe e as limitações para executar determinadas tarefas básicas da organização do lar deixaram Sarai profundamente ferida. Sentia-se desprezada e esquecida. Até mesmo seu esposo parecia mais ausente e distante.

Entrou em cena o doloroso drama da senilidade. Sensação de não ser mais necessária, de não conseguir mais ocupar seu lugar no ambiente social. Esquecida de todos. Alguém que já não é mais capaz de produzir; por isso é deixado de lado. Quais planos ainda perduram?

Não importa! Quem liga? Logo será apenas uma lembrança que vai empalidecer com o passar dos anos e será esquecida para sempre.

Sarai entrou neste redemoinho de dor e frustração. Precisava se agarrar obstinadamente a algo para continuar a encontrar forças para seguir em frente.

Mulher corajosa como era, retirou-se para o mais íntimo de si e, após um período de resgate de sua própria história, foi tomada de uma renovada energia.

Sempre que o coração dilacerado pela dor se encontra consigo no silêncio e na oração, as energias se condensam de tal forma que ocorre uma verdadeira erupção de novas energias, catalisando uma força propulsora descomunal. Na interioridade, a vida renasce! Os projetos pessoais são iluminados por uma renovada vontade de realizá-los. Os fracassos não passam de meros detalhes e tudo parece ser possível.

Na alma, brilha uma centelha de vontade de recomeçar tudo novamente. Refazer os velhos caminhos e encontrar as antigas veredas dos sonhos outrora esquecidos.

Revestida pela fortaleza que lhe era tão natural, vimos suas forças serem restauradas no limite da dor e da desesperança. Sua fé foi condutora de uma reação que lhe devolveu a vitalidade. Em vez de fugir da situação, resolveu enfrentá-la. Pôs à prova o amor de seu marido e sua autoridade diante dos demais servos, colocando em seu devido lugar a presunçosa serva.

Esperou Abrão voltar dos campos e, quando o viu, despejou toda a sua insatisfação com relação ao péssimo comportamento de Agar e de sua postura de arrogância com relação a ela. Invocou o nome de El Shaddai como testemunha do mal que seu marido estava fazendo ao permitir as desonras da escrava para sua senhora. Chegou ao ponto de fazer uma viva execração de sua condição de esposa e matriarca daquele clã.

Ao pobre Abrão, silencioso, atento e compreensivo, só restou a difícil missão de acolher com amor aquela situação, que sua intuição de marido diagnosticava como simples ciúmes. Mas o amor e o respeito que dispensava a Sarai lhe proibiam de não considerar os fatos expostos por sua amada esposa. Deixou-a livre para fazer o que estava em seu coração com relação à sua serva. Tinha plena consciência de que, antes de ser mãe de um filho seu, Agar era serva de Sarai, e esse fato, por si só, outorgava-lhe o direito sobre a vida dela.

Ao saber do que se passava, Agar temeu por sua vida, pois no país de onde viera era natural os castigos rigorosos aos servos que ofendiam seus senhores, chegando até a penas capitais.

Quando Sarai lançou-lhe um olhar de reprovação e algumas duras palavras, resolveu fugir da presença da senhora, pensando que talvez seu senhor pudesse lhe amparar e atribuir-lhe maior consideração com esse fato.

Em um ímpeto de agonia e temor, Agar resolveu fugir para bem longe do clã. De madrugada tomou o caminho de volta para a sua terra natal. Desceu a montanha na direção do grande deserto de Sur. Após um primeiro dia de jornada, alcançou uma fonte que se estendia pelo caminho e parou extenuada para descansar. Em sua cabeça, mil coisas se passavam: será que estariam em diligências procurando a escrava fugitiva? O coração de seu senhor Abrão estaria triste e disposto a reconduzi-la ao lugar de direito como mãe de seu filho? E como estaria o ânimo de sua senhora?

Dúvidas e medos se assomavam ao coração da peregrina solitária. Agar, ao que parece, possuía um espírito muito irrequieto e instável. Foi sendo invadida de temores sobressaltos. O terror e a angústia apagaram o luzir das estrelas daquela noite no deserto. Tudo era obscuridade, insegurança e arrependimento.

Desejou ardentemente o ambiente cálido e acolhedor de sua tenda sobre a montanha, junto daquele aglomerado de pessoas alegres e gentis por quem, ali, em meio à solidão, descobrira que tinha tanta afeição e que era objeto de verdadeira recíproca por parte dos demais membros da tribo que era uma verdadeira família.

Em meio ao deserto e à incerteza, Agar se viu em apuros e, como última alternativa, pôs-se em oração, invocando o Deus de seu senhor Abrão.

Deu livre curso às lágrimas, que correram copiosamente por sua face! Seu corpo curvou-se sobre si, como se procurasse uma proteção em si mesmo. Entre soluços e gemidos, chorou amargamente, arrependida de ter agido com tamanha obstinação e desaforo com seus senhores que sempre lhe trataram com tanto esmero e consideração. Estava profundamente fragilizada.

Há momentos na vida em que atitudes de fuga e violência contra si mesmo manifestam quão imaturas estão as estruturas emocionais, o quanto é necessário superar e calar "algumas" vozes que gritam ao coração, levando a pessoa a fechar-se, alienando e deformando as situações que a envolvem. A alma adoece pela falta de maturidade e de capacidade de se colocar no lugar do outro.

Nos momentos de desespero, quando se chega à fronteira do fracasso total, a percepção de que o caminho está profundamente errado é o indício de que o processo de regeneração está um pouco mais à frente. Na peregrinação da vida, a ordem natural dos fatos se organiza de forma dialética e dinâmica. A conjunção sonhos/realidade/desilusões/fracassos/lutas/realização/gozo é balizador de equilíbrio e direção, para depois retornar ao mesmo ciclo, formando o complexo existencial que dá sentido e interesse pela vida.

No meio daquela tormenta de emoção, Agar foi subitamente envolvida por um estranho silêncio. A paz andava em sua direção. Fixou o olhar no céu profundo e experimentou uma imensa paz. Inesperadamente, sentiu uma brisa suave acariciar sua alma e uma voz solene e familiar penetrar seu coração. Como uma sombra que protege e acolhe, uma mão divina se estendeu em sua direção tocando-a com carinho. Sem que pudesse ver a face de seu interlocutor, ouviu palavras cheias de ternura:

– Agar, serva de Sarai, de onde vens e para onde vais?
Volta para tua senhora e sê-lhe submissa.
Estás grávida e darás à luz um filho, e tu lhe darás o nome de Ishma'el,
pois eu ouvi tua aflição.[22]

Com a chegada dos primeiros raios de sol, Agar despertou, pois havia dormido sem nem mesmo perceber, tomou corajosamente o caminho de volta e subiu a montanha sem pensar na sorte que lhe esperava. Ao chegar ao acampamento, seu coração se alegrou profundamente. Com muita humildade, pediu perdão aos pés de sua senhora e foi acolhida com um terno abraço de sua ama.

Na hora da cesta, quando todos se juntavam para descansar, contou o que se passara na noite anterior junto ao poço. O Senhor de seu amo lhe aparecera em forma de uma voz e mandou-a voltar. Ela o chamou de *El Roí*, o Senhor que vê, pois Ele viu sua aflição e a amparou com sua presença. O poço onde estava foi chamado de Laai-Roí.[23]

A cena tão pitoresca é uma das mais densas passagens da história de Abraão. Quase não se nota o tamanho da amplitude da revelação teológica que está registrada nessas belíssimas linhas nas sagradas escrituras. O fato de ter se desenrolado uma das mais dignas e majestosas teofanias do Antigo Testamento, com uma mulher, serva, pobre, grávida e fugitiva, antecipa um tipo de relação de amor de Deus com seu povo eleito. Deus é *Aquele que vê*, que

[22] Cf. Gn 16,7-11.

[23] Lit. o poço "Daquele-que-vê".

enxerga a miséria do coração e se compadece em um ato de pura ternura e compaixão. Nesse diálogo entre a serva e o Senhor, há ressonâncias eternas de outro diálogo, ocorrido sobre um monte na região de Sicar, à beira de um poço cavado por um neto de Abraão.[24]

Quando os meses da gravidez se cumpriram, nasceu a Abrão um menino a quem foi dado o nome de Ishma'El que significa "Deus ouve". Rapidamente a notícia percorreu as circunvizinhanças. Os servos acenderam a fogueira, e, sob as melodiosas canções de louvor, amigos chegaram e a festa começou. Era tempo de celebrar. Vinho doce, carnes ao fogo, queijo e coalhadas eram distribuídos aos convivas. Frutas secas, tâmaras e castanhas com bolinhos e pães ázimos enchiam as bocas e o estômago dos convivas. A festa foi um comovente itinerário de júbilo e exaltação. Todos queriam se congratular com o feliz patriarca.

A cada abraço de felicitações, os olhos do velho Abrão marejavam de alegria, e palavras de bênçãos se misturavam a brincadeiras por causa de sua idade avançada. A festa durou vários dias.

No primeiro dia após a primeira semana completa do nascimento da criança, na oitava lua, Abrão realizou o rito da *Circuncisão* que consistia em uma cerimônia primitiva de bênção e consagração, realizada desde tempos imemoriais pelos povos do oriente.

A circuncisão era feita ao modo das antigas alianças. Cortava-se com um pequeno cutelo (lâmina rústica) o prepúcio dos meninos, em sinal de pureza e de pertencimento a uma família tribal. Na mesma cerimônia, o pai proclamava diante das testemunhas e dos sacerdotes o nome a que a criança deveria ser chamada. Abrão tomou seu filho nos braços, chamou-o Ishma'El e o abençoou. To-

[24] Cf. Jo 4 – Jesus e a samaritana no poço de Jacó.

dos os presentes se encheram de júbilo e orações de louvor se elevaram aos céus, ao trono do Eterno.

Participar de um evento tão feliz como a chegada de uma criança é um acontecimento que enriquece profundamente a vida; tudo se enche de jovialidade. O recém-nascido irradia sua presença sobre todos os membros da casa. Toda a rotina doméstica ganha nova motivação. Tem-se que guardar silêncio para respeitar os longos períodos de descanso do novo membro, o capricho com a limpeza da casa é dobrado, as visitas chegam a todo momento, e a qualquer hora do dia precisa-se preparar uma refeição para acolher os curiosos de última hora. O cardápio é preparado com maior abundância para o caso das visitas fortuitas. O cuidado com a saúde da mãe e da criança demanda maior atenção.

A beleza da vida encontra seu encanto na força geradora de uma mulher e na fragilidade de uma criança. Na pequenez de sua existência, demonstra o quão grande e maravilhoso é o mistério do amor, que a tudo dá vida, mesmo aos sonhos mais distantes.

Agora, com o nascimento de seu primeiro filho, tudo parecia estar cumprido por parte de El Shaddai. Abrão conformou sua alma e amou profundamente aquele dom tão peculiar na vida de todo homem.

Mais do que ser pai, Abrão experimentou a graça da paternidade, que é um processo muito mais altivo e rico em experiências. A paternidade é mais do que o processo de gerar, é fonte de vida e de relações que se fortalecem com os critérios e valores para a construção de sonhos, do caráter pessoal, da manutenção das tradições culturais da família. É ser um agente colaborador na engrenagem que faz o mundo girar no tempo e na história. De certa forma, a criação inteira depende disso.

O costume tribal legou também a Sarai o direito de criar Ishma'el como filho, embora com certa relutância, devido principalmente à resistência de Agar que resguardava o menino da presença de sua senhora, fazendo-o ver em Sarai uma figura mais próxima de avó do que de mãe.

Mesmo assim, algo havia mudado no clã. Havia mais alegria, mais conversas. A bênção chegara depois de tantos anos de peregrinação, de tantos infortúnios.

Os caminhos muitas vezes se apresentam diversos do que gostaríamos! Para receber essa bênção, Abrão precisou passar pelas grandes peregrinações solitárias, de noites sem estrelas, de tempos de aridez e grandes incertezas. Foi caminhante pobre e sem destino. Experimentou a solidão dos migrantes e as inseguranças dos estrangeiros. Precisou armar e desarmar seu acampamento muitas vezes. Enterrou pessoas que muito amava e experimentou o gosto amargo das despedidas. Desceu a uma terra hostil e sofreu afrontas e ameaças. Viu por duas vezes seu clã se dividir e ficou com a terra árida por causa de sua generosidade. Foi à guerra e colocou o fim de sua vida diante de um destino insólito.

Mas não parou! Nunca deixou de caminhar. Mesmo quando parecia que não conseguia sair do lugar, quando se via envolvido em uma espécie de nó que estrangulava todas as suas esperanças, Abrão não desistiu de caminhar, de sonhar e, principalmente, de esperar.

Para a alma que sabe esperar, o eixo do mundo se movimenta diferente. O tempo torna-se um inimigo convertido em amigo, pois é dele que virá um dia a tão sonhada realização. A cada novo amanhecer, uma chama se acende a crepitar na zona profunda de onde nascem as esperanças em novas e prováveis oportunidades que emergirão deste dia de sol. Quando a noite chega, o silêncio acinzentado toma conta do horizonte, e o coração convida a alma ao recolhimento. Ali renascem, entre suspiros e lágrimas, velhos sonhos, desejos de novos caminhos; um tempo novo, que poderá vir, quem sabe, com o novo amanhecer.

Quando a bênção chegou, o espírito de Abrão a acolheu com grande ternura e gratidão. Há muito se preparava para esse momento. Sentia que a presença de Ishma'El era fruto não somente de sua virilidade ainda viva, mas era essencialmente uma resposta concreta de sua relação com El Shaddai.

Abrão não teve vergonha de guardar todas as noites no tesouro do seu coração a esperança de ver um filho antes de se encontrar com o destino final de todos os viventes. Não via a si mesmo como alguém mais digno do que os outros por receber esse sinal do céu. Era um afortunado por graça. E essa graça está disponível a todos que a buscam.

CAPÍTULO VI

UM NOVO NOME

As últimas folhas amareladas que começavam a cair do velho carvalho anunciavam a mudança da estação. O chão de terra estava coberto de restolhos daquela árvore centenária que era a testemunha mais sublime e impetuosa da vasta montanha. Parecia que ia se desintegrar com os fortes ventos que a batiam de todos os lados.

O coração do patriarca estava mergulhado em um sentimento de resignação. O tempo chegara e trouxera com ele a realidade do crepúsculo da vida, a contingência da história humana que não cessa um instante, não dá trégua. É uma caminhada sem descanso e sem-fim. A vida, em determinados momentos, torna-se tão enfadonha quanto sem sentido; vive-se tão somente pelo simples instinto de continuar vivendo.

Abrão já há algum tempo percebera que um espírito de apatia havia ocupado quase todo o território de seu coração. Já não esperava mais nada, tudo estava cumprido. A promessa não falhara. Olhava para Ishma'El com grande amor e via no menino, que crescia, a realização do que lhe fora prometido por El Shaddai. Não estava ele fixado em um pequeno espaço sobre a montanha, onde podia viver pelo resto de sua vida tranquilamente? Não tinha agora em seus braços o filho prometido, herdeiro de seus sonhos, futuro chefe do clã e quem continuaria a descendência de seus antepassados? Não gozava ainda da consoladora presença de Sarai, de Eliezer e tantas pessoas amigas? O que esperar ainda?

Abrão estava envelhecendo a olhos vivos e testemunhava dia a dia a decadência de Sarai. O Senhor cumprira sua palavra e silenciara.

Não haveria mais nada, então? Abrão se perguntava, tentando alcançar, quem sabe, o coração de seu Deus.

Aos olhos senis de Abrão, uma sombra triste se estendeu sobre aquele acampamento. A dura rotina da vida cobrava um preço, e um preço alto! É difícil conseguir manter a alegria e o simples entusiasmo quando o declínio físico e psicológico manifesta-se com força e proporção existencial irremediável. As novidades vão perdendo o interesse, conversas são preteridas ao silêncio e passa-se a um estado de introspectiva contemplação, em um mergulho de abandono às mãos do destino insólito.

Dos tantos anos de lutas, sonhos, tensões, desilusões e alegrias, o coração desenvolve um estado de fadiga emocional que conduz a pessoa a um comportamento mais comedido e introspectivo. O ocaso da vida se apresenta tão desafiante quanto os primeiros anos de existência.

A solidão humana chega em etapas e se estabelece; de vez quando, tudo parece já ter se realizado. Quando as perspectivas já não conseguem mais dar brotos, a árvore da vida começa a declinar de volta ao solo de onde nasceu.

No coração de Abrão a primavera havia passado. Buscava forças para acordar todos os dias e manter a rotina de seu clã. Tentava minimizar sua crise existencial dando ouvidos às histórias engraçadas dos pastores que estavam a seu serviço, tentando rir dos dissabores atrapalhados das servas e das crianças. Mas, no fundo da alma, havia uma terra coberta de nuvens escuras e horizontes sem sol.

Orar tornou-se uma tarefa difícil e desafiante para o ímpeto de Abrão. Estava estéril espiritualmente. Buscava manter vivas as memórias de sua vida, principalmente os encontros com o Amigo de sua alma. Sobre o fogo de sua fé havia caído tantas cinzas de sonhos não realizados, perspectivas que se perderam no tempo, emoções que subiram aos picos mais elevados para depois precipitar-se em um fundo escuro, que mal deixavam a chama respirar. Parecia apagado! A rotina, disfarçada pela normalidade dos acontecimentos, lança a alma em um estado de paralisia, uma sonolenta caminhada em direção ao fim.

Vez por outra, recolhido no interior de sua tenda, ao lado de Sarai, relembrava as antigas memórias da caminhada do clã, dos parentes e amigos que já não estavam mais no mundo dos vivos. Eles sorriam juntos das aventuras que as peregrinações lhes proporcionaram ao longo de tantos caminhos. Olhos marejados denunciavam as saudades de tantos momentos bons, de tantas pessoas boas e das grandes vitórias concedidas por Shaddai ao pequeno clã peregrino.

Abrão gostava de visitar os lugares onde antes pudera experimentar a presença amorosa e consoladora de Shaddai. Buscava, mesmo que inconscientemente, as fontes originais de sua fé! Sempre é um caminho seguro, para se manter viva a relação com o sagrado, o coração voltar às origens da própria experiência da fé.

Quem se dispôs a caminhar não pode parar jamais! É preciso buscar sempre estar diante dos próprios sonhos, apresentar-se todos os dias para os grandes ideais da vida. O coração humano tem uma necessidade vital do eterno, vivendo em busca de seus sinais, como um rio que percorre as mais distantes e difíceis regiões ansioso por se lançar no grande mar e, ali, perder-se para sempre no grande oceano de amor.

Só restou a Abrão esperar. Recolhido em sua fé, calou-se!

Todos os dias, sentava-se à entrada da tenda para observar o movimento da terra, o cantarolar alegre e disperso dos passarinhos, o barulho das crianças em suas brincadeiras infantis. A vida ainda fluía e se renovava apesar da consciência de que em breve se juntaria aos seus ancestrais na habitação dos mortos. Descobriu que tinha medo dessa hora tão escura para os homens. Acabou por aceitar com resignação o destino insueto que visita todas as vidas quando chega o seu termo.

Certo dia, após a refeição da tarde, em companhia dos que lhe estavam mais próximos, sentiu o espírito alegre, e uma paz envolvente repousou em seu ser. Desejou orar! Esperou que todos se dispersassem e foi sentar-se discretamente, como era seu costume, à entrada da tenda defronte ao grande carvalho que àquela hora lhe proporcionava uma generosa sombra.

Com lágrimas nos olhos orou invocando o nome de El Shaddai. Sentiu uma profunda saudade do querido amigo e um desejo quase insaciável de sua companhia.

Uma brisa suave e refrescante passou acariciando seu corpo cansado, sentiu como uma mão tocar seu rosto, seu coração ficou cheio de alegria e quietude. Percebeu-se consolado por Deus. Com palavras cheias de ternura e saudades, derramou seu coração na presença de El Shaddai e chorou com discrição!

Logo aquela percepção oracional passou, Abrão viu-se novamente invadido pela pálida monotonia. Ficou triste e sentiu-se o mais solitário de todos os homens da terra.

Naquele instante, um raio de sol atingiu em cheio o rosto de Abrão deixando-o quase cego por alguns segundos, ofuscando tudo ao seu redor. Em um ato reflexo, passou a mão sobre os olhos; tentando se proteger, cobriu a face com o manto e, não sem certo esforço, conseguiu se recuperar. Sobressaltou-se ao olhar ao longe. Uma cena inusitada lhe despertou a atenção: no caminho que passa defronte ao acampamento, junto ao velho carvalho, viu com dificuldade a silhueta de um viajante se estendendo sobre a estrada da campina, tomando contornos de grande proporção. Parecia um gigante! Com o coração acelerado pela visão, cerrou os olhos, para ver com maior exatidão, e conseguiu enxergar o vulto de três pessoas que caminhavam em sua direção. Pareciam peregrinos de longa viagem e de origem incerta.

Como é costume na cultura oriental, Abrão não demorou a se interpor no caminho para conhecer aqueles viajantes tão incomuns e oferecer-lhes a hospitalidade de sua tenda. Os viajantes sempre trazem as novidades do mundo e a alegria das estradas da vida. Aquela oportunidade parecia um presente para Abrão, pelo menos mudaria um pouco a rotina.

Sarai observava de dentro da tenda aquele encontro que, à primeira vista, parecia ser casual. De um lado o venerável patriarca que gesticulava com solicitude aos peregrinos que pareciam responder com atenção ao ancião. De outro, não deixou de notar que o sol estranhamente parecia ter se tornado bem mais forte e luminoso, causando um desconforto momentâneo na visão de toda aquela cena bucólica.

De repente, Ishma'El invadiu aquele cenário, correndo em direção aos quatro e parecendo atender a uma orientação de Abrão. Sarai entendeu que aquele gesto significava o assentimento dos viajantes em aceitar a hospitalidade de seu esposo. Mal conseguiu dar alguns passos, Ishma'El entrou como um relâmpago na tenda, quase derrubando Sarai. Foi logo transmitindo as ordens de seu pai para que as demais servas preparassem uma boa refeição e um lugar para o descanso dos peregrinos.

Como bom anfitrião, Abrão recebeu das mãos de uma serva uma bacia de água e uma toalha para lavar os pés dos viajantes. Ofereceu-lhes grãos torrados, frutas secas, coalhada, mel, pão ázimo, vinho e carne assada. Eles recostaram-se ao redor da pequena mesa, colocada à sombra da entrada da tenda, e serviram-se com certo ar de nobreza e profunda acolhida ao gesto generoso e hospitaleiro de Abrão. Ishma'El observava tudo com curiosidade, em pé ao lado de seu pai, que repousava a mão sobre sua cabeça, dispensando toda atenção aos seus hóspedes.

Para grande surpresa de Abrão, um dos viajantes, o que parecia ser o primeiro dos três, indagou sobre o menino. Abrão, cheio de alegria e entusiasmo, apresentou-lhe como seu único filho e herdeiro do clã, imaginando a surpresa de seus interlocutores por sua idade tão avançada e um filho tão novo. Ishma'El teria apenas uns doze anos.

O viajante voltou a indagar, dessa vez, sobre a saúde de Sarai. Após a resposta de Abrão sobre a boa saúde de sua esposa, o homem o olhou fixamente e, em tom solene, dirigiu-lhe uma peculiar bênção de agradecimento pelo gesto de acolhida e lhe fez uma predição:

– Daqui a um ano, voltarei a ti e Sarai te terá dado um filho![25]

Àquela altura, de dentro da tenda, Sarai, tomada de sobressalto, começou a rir do descalabro das palavras do viajante. Pensava consigo que os peregrinos não deviam supor que já era idosa e sem vigor para engravidar. Pensou consigo que era uma ocasião um tanto hilária.

Contudo, para sua maior surpresa, aquele que falara anteriormente, sem deixar de olhar fixamente para Abrão, perguntou o porquê de Sarai estar rindo de suas palavras!

Tomada de susto e antes que Abrão pudesse esboçar uma resposta, Sarai protestou de dentro da tenda, que não havia rido. À sua pronta intromissão, temeu ter sido indecorosa com os ilustres convidados de seu esposo e lhe causado constrangimento e vergonha. Mas o interlocutor a censurou diante de seu marido. E, em

[25] Cf. Gn 18,10.

um aceno de dignidade, inflamou suas palavras confirmando que Abrão teria um herdeiro de sua amada esposa.

O pobre Abrão estava tomado de desconcerto e, tentando reparar a situação, aproximou Ishma'El do peregrino solicitando sua bênção para o jovem filho.

Estendendo sua mão, o hóspede segurou os braços do menino e o trouxe para junto de si. Com um terno abraço, olhou-o nos olhos e pronunciou uma bênção cheia de carinho para a criança. O menino olhava para o peregrino sem entender o que acontecia. O coração de Abrão ficou reconfortado com aquela cena.

Mas, logo que o menino voltou para os braços de seu pai, o viajante, estendendo a mão até o ombro de Abrão, em um gesto de amizade, tornou a predizer o nascimento de um filho, dessa vez, saído do seio de Sarai.

Havia naquelas palavras um ar de profecia! O coração de Abrão tremeu fortemente diante da insistência de seu hóspede. Amava mais que tudo seu filho Ishma'El e não conseguia conceber a ideia de voltar a ter o vigor dos homens para conceber um filho ao seio já envelhecido de Sarai. Estava velho e já não tinha mais interesse pela intimidade do leito conjugal.

Olhava com amor para seu filho. O desconcerto tomou conta dos pensamentos de Abrão. Enquanto os peregrinos se entretinham com a refeição, Abrão percebeu que aquelas palavras suscitaram uma crise profunda em sua alma e que Sarai, que havia se calado dentro da tenda, deveria estar mergulhada em profundas e dolorosas lembranças de um tempo em que sonhou poder gerar um filho.

O amor incendiou os corações, e antigos sonhos soterrados sobre a areia do tempo foram desenterrados. Tudo parecia ter se deslocado da realidade naquele dia.

O viajante continuou: – "Desde já, não te chamarás mais Abrão, mas Abraão, pois foste elevado em dignidade e honrado diante dos homens e de Deus. Tua mulher chamarás de Sara, pois lhe foi retirado o opróbrio que lhe velava a face, e ela será mãe de um clã. A teu filho que nascerá do seio de tua mulher Sara, que rira da minha palavra, darás o nome de Isaac, pois é bem verdade que Sara gracejou da predição! E o menino será motivo de grande alegria para teu clã, e todos os que souberem rirão desta notícia[26]".

Um profundo tremor invadiu e se irradiou por todo o corpo de Abrão. Ele repetiu para si mesmo seu novo nome, de sua esposa e, respirando com dificuldades, tomado visivelmente pela emoção, pronunciou o nome que havia esperado por tantos anos - ISAAC. Ao falar seu nome, lágrimas desceram de seus olhos e suas pernas pareciam ter perdido a firmeza para sustentar o corpo já senil. Apertou com força a cabeça de Ishma'El em seu peito e mergulhou sua alma no universo de tantos pensamentos e tantas emoções confusas. Desejou desaparecer da existência humana bem ali.

ꟹ

A mudança do nome marcava uma reviravolta na situação do clã. Era costume associar o estado de vida da pessoa ao nome que ela levava. Aceitar o novo nome era um sinal concreto de submissão à palavra da promessa, ao novo caminho apontado pelo maior, colocando-se como servo da vontade do seu Senhor. Abrão agora é Abraão, o "Pai Elevado", o homem reconhecido e engrandecido por uma graça muito especial vinda do próprio céu.

O que haveria no coração do, agora, Abraão?

Ele havia esperado tantos anos, sofrido, chorado. Cultivou insistentemente esta esperança por toda a sua vida, sonhando a cada nova estação que logo chegaria o cumprimento da promessa. Pensando em Sara, sua esposa, no futuro de seu clã, encheu o coração

---

[26] Abraão: "Pai Elevado" (também Pai de Multidão); Sara: "Princesa"; Isaac: "Riso", também "Alegria".

de tantos sonhos alimentados por uma promessa incomum que não se cumpria. Quando chegou o tempo do cumprimento da palavra de El Shaddai, o coração do patriarca estava identificado plenamente com a criança nascida de Agar. Abraão amava demais seu filho Ishma'El. Passou a devotar à criança seu coração por inteiro.

Agora, via um novo caminho se abrir com violência na direção de seu destino; um filho nascido de Sara, àquela altura de sua vida, era um prêmio que Abraão considerava imerecido. Seria a instalação da bandeira da fidelidade no cume mais alto de suas histórias. Não era somente ele que recebia tão grande presente, mas Sara, que sustentou com amor e dedicação, silenciosa e acolhedora, o cumprimento de uma palavra ouvida por seu esposo. Aquela benção estava associada ao grande amor que nutriam um pelo outro. Quem sofria mais com a condição da esterilidade? Os dois! Reservados em seus cantinhos de recolhimento, cada um rezava para que o outro pudesse ser agraciado com aquele milagre. É a alteridade, o sentido da caridade plena, de quem tem os olhos voltados para o sofrimento do próximo e se coloca em sua situação, sofrendo por pura compaixão para com a dor do outro. Na vida de Abraão e Sara, o amor esponsal e fraterno, que havia entre os dois, foi alimentado pela fecundidade da mútua caridade, esperança e fé.

Diante da graça, duas reações simultâneas e paradoxais podem se expressar como gritos que brotam do fundo escuro da alma: em primeiro lugar, a fé adere à graça sem pestanejar e, enlevada pela emoção e pelo sentimento de amparo, derrama-se nas fontes da misericórdia com o coração profundamente agradecido. Depois, ao menor sinal de descanso, a razão instala-se, sustentada pela matéria da lógica humana, buscando construir argumentos que deem credibilidade à nova realidade. Bem aqui, as estruturas da fé entram em franco conflito com a razão. Geralmente esta última acaba prevalecendo, a fé é encurralada pela razão sistematizada em pensamentos que só conseguem entender caminhos naturais e sem ambiguidades. É a grande crise interior que o coração humano geralmente tem de enfrentar, o diálogo entre graça e razão, entre realidades espirituais e a vida hodierna com suas estruturas bem definidas e sua lógica funcional abarcando tudo e todos.

Para se impor uma realidade sobre a outra, é necessário escolher um caminho. Abraão escolheu o caminho da fé, ficou novamente com o que lhe foi sempre mais caro: sua relação com o transcendente. Sua espiritualidade estava profundamente marcada pela experiência da fé, mas este fato não é determinado por uma escolha de momento, é fruto de uma vida inteira de entrega, oração, busca e espera. Abraão estava por colher o que plantou durante toda a sua vida, por isso tinha forças para escolher o melhor caminho, o que lhe era mais confiável!

Cabe ao homem a responsabilidade de escolher as sementes que lançará no terreno de sua própria história. Contudo, não conseguiu entender ainda que só conseguirá colher os frutos daquilo que ele plantou. No momento oportuno, o chão da existência dará os brotos de vida ou morte, realizações ou frustrações do que cada um semeou durante sua jornada.

Abraão, com a docilidade de uma criança, aceitou e acolheu a palavra do estranho visitante como palavra do Deus invisível, amigo e companheiro de tantos caminhos.

Se a vida de fé cobra um preço geralmente exigente e muito alto, oferece também um grandioso caminho de consolação e plenitude.

Abraão descobriu, naquele instante, que a maior riqueza de sua vida estava ali, depositada aos pés de sua fé em um Deus, que lhe amava profundamente e que sempre se oferecia em ofertas de graça e misericórdia. Sentiu em sua alma que era cuidado com muito amor por um Deus zeloso, vigilante e que se importava com cada detalhe de sua vida.

A terra dos injustos

As primeiras estrelas apareciam no firmamento anunciando que logo a noite chegaria e o entardecer já se aproximava. Os viajantes levantaram-se para prosseguir o caminho. Abraão insistiu para que aceitassem pernoitar em seu acampamento.

Havia muita emoção no ar. O último diálogo que tiveram foi como um furacão arrancando velhas raízes do solo calcinado pelo tempo.

Mesmo com a insistência do agradável anfitrião, os viajantes organizaram seus alforjes para continuar sua jornada de destino incerto. Como não obtivesse êxito, Abraão acompanhou-os até certo ponto da rústica estrada de chão batido, aberta pelas pegadas dos animais de carga que constantemente eram guiados por ali na travessia da montanha.

Ao chegar junto do poço que Abraão havia cavado, ao largo de uma saliência que brotara naturalmente da rocha e que elevava a alguns metros a já altaneira montanha, o viajante que dirigia a palavra a Abraão se separou dos outros dois. Voltando-se para Abraão, apontou para os dois companheiros que seguiram sozinhos para o leste.

Abraão estranhou aquela situação e pensou que o peregrino resolvera aceitar sua hospitalidade. Mas os acontecimentos que se seguiram o deixaram perplexo.

– "Não deixarei de te falar do que há de acontecer, pois um dia serás um povo grande e numeroso!"

Falou o viajante, enquanto os outros dois desapareciam descendo à montanha, ao longo do caminho que conduz às terras da vasta planície.

E continuou: "– Há um povo que habita na terra que está na região onde nasce o sol, para além desta montanha. Povo muito pecador. A corrupção moral, devassidão e impureza tomaram conta do coração de todos os seus habitantes. Foi mandado sobre eles o flagelo da guerra. Tiveram suas cidades destruídas, suas terras arrasadas, seus rebanhos tomados, foram aprisionados, porém bastou-lhes uma grande libertação e sem demora voltaram aos seus pecados habituais."

– "Agora, o cúmulo dos seus pecados chegou até os céus, pois, em seu louco desvario, resolveram macular até a inocência de crianças indefesas. Buscando prestar culto às suas divindades, ofenderam profundamente o Eterno e não conseguem se saciar de praticar o abominável."

O palpitar do coração de Abraão não o enganou. Percebeu um tom de consternação naquelas palavras. Segundo o que dissera seu estranho interlocutor, o céu declarara guerra a essas cidades pecadoras. Logo discerniu que se tratava das cidades da planície que faziam cultos orgiáticos, envolvendo o abuso sexual de crianças, promovendo a prostituição e o roubo em nome da religião. Prostituíam-se com animais, praticavam relações abomináveis com pessoas do mesmo sexo, abusavam de crianças e mulheres. Não tinham respeito por nada, nem por ninguém! O clima de devassidão e idolatria dominava todas aquelas cidades da região da planície. Seus habitantes respiravam um clima de pecado absurdo.

Eram as orgulhosas e cosmopolitas cidades de Sodoma, Gomorra, Adama e Seboin, os lugares a que se referia o viajante. O patriarca cheio de tristeza lembrou dos rostos aflitos dos prisioneiros, da angústia que vira na face das crianças e das mães amarradas como se fossem animais para serem vendidas como escravas pelos amorreus, e de como sua dor havia se transformado em júbilo por causa da libertação que o próprio Abraão havia lhes oferecido pela graça de El Shaddai.

Lembrou-se de Ló e sua família. Estaria ele também envolvido com esses graves pecados praticados por seus concidadãos? Não! Com convicção Abraão não consentiu essa ideia. Apesar de todas as fraquezas de caráter que marcavam a personalidade de seu sobrinho Ló, sabia que ele jamais se entregaria a tais torpezas.

Fracos e propensos ao mal são todos os corações, porém os valores enraizados pela educação familiar e tribal, que recebem na vida por meio dos conselhos, principalmente, dos bons exemplos que veem dentro de casa, transformar-se-ão em boas sementes que darão bons frutos, valores e critérios que serão luz para as diversas ocasiões que permeiam a vida.

Os laços que formam a virtude de caráter em uma pessoa estão entrelaçados nos matizes familiares que construíram sua história pessoal, selada por critérios de amor, afetividade, ordem, respeito e comunhão fraterna e, acima de tudo, alteridade, e um sentido verdadeiro de justiça. Reconhecer-se singular, único, sabendo que faz parte de um núcleo maior, de uma sociedade de irmãos e iguais, respeitando e acolhendo as diferenças, cedendo espaço para que o outro também possa ocupar seu lugar comum, aceitando que os outros, por serem diferentes, enriquecem a existência, promovem a beleza da diversidade, sem que ninguém perca nada de sua própria identidade, nem de seus valores.

A humanidade foi criada para ser uma grande família de amor e solidariedade. A sociedade nasceu de uma necessidade universal: defender os mais fracos diante das incapacidades da vida e da natureza.

Apesar do registro retumbante dos filósofos modernos, que reproduziram em suas épocas as dores e angústias de uma sociedade marcada pela individualização dos valores e pelo desmantelamento da estrutura familiar camponesa, denunciando o exacerbado interesse do poder financeiro e do controle dos meios de produção, que sublocou populações inteiras na miséria, dependentes da pouquíssima boa vontade de uma aristocracia política que tomou de assalto a governança dos povos, assenhoreando-se do poder de fazer as leis,[27] sem cumprirem-nas Apesar da estridente voz dos profetas de todos os tempos, o modo de vida social foi se degenerando com cada vez mais radicalidade, chegando ao ponto de serem dominados pelo ódio e pela violência, não conseguindo se enxergar mais como irmãos.

Apesar de tudo, o homem não nasceu nem é "lobo do homem"!

Os escribas judeus ensinavam ao povo que na criação Deus viu que tudo era bom, contemplou sua obra e viu que tudo estava muito bem feito. Abençoou tudo que criara.

Segundo os critérios da lógica aristotélica, pode-se recorrer aos recursos do discurso racional por meio da lei geral do silogismo para entender melhor essa realidade espiritual apontada pelas Sagradas Escrituras: se o ser humano é produto da criação, e a criação foi abençoada, ele – o ser humano – também está incorporado à bênção do divino Criador. Ele também faz parte de tudo que foi muito bem feito. Ou seja, homens e mulheres são criados perfeitos e abençoados por Deus. E, se todos nós somos frutos da graça, o mistério do pecado é um corpo estranho à criação.

Quando o coração toma consciência de sua realidade espiritual, ele organiza a luta e a sua batalha contra o mal que tomou conta de sua natureza, pois a criação é dom e graça. A luta contra o mal subjetiva, a que se manifesta no íntimo de cada pessoa, e objetiva, que aparece nas realidades sociais, é uma tomada de decisão unilateral da pessoa que, amparada pela graça do Espírito Santo, adquire forças de resistência para a superação das más inclinações da alma.

[27] Como alguns pensadores modernos, dentre eles: Thomas Hobbes – em sua obra de filosofia política: *Leviatã* (1651). Foi Hobbes que declarou: "O homem é o lobo do homem". Ver também Karl Marx – *O Capital* (1867) dentre outros autores.

Ninguém está privado da graça de Deus. Não há nada, nem patologias, nem neuroses ou traumas que consigam esgotar o acesso da graça ao coração de uma pessoa. Sempre haverá uma centelha de bondade, de misericórdia, de altruísmo.

A vocação humana se evidencia na esfera da comunhão fraterna. Nascemos para o que é bom, belo e verdadeiro; são essas realidades que saciam o coração dos filhos de Deus.

Após se despedir de Abraão, o viajante prosseguiu sua caminhada atrás dos outros dois que seguiram na frente. O espírito do patriarca perturbou-se com as palavras que ouvira. Haveria um novo e grande castigo para aquelas cidades; entretanto, ao que parece, desta vez seria algo muito pior.

Movido de compaixão, Abraão tentara fazer uma intercessão por aquelas cidades para que ao menos alguns pudessem ser salvos, entre eles seu sobrinho Ló e sua pequena família. Em seu coração, era inconcebível que não houvesse ali pessoas justas. Abraão foi formado na escola do amor, do perdão e da bondade. Conceber que, em meio a tantas pessoas, não pudesse viver alguns justos era um verdadeiro atentado à sua história. Na vida experimentara a amizade com muitas pessoas, muitas vidas passaram pela sua. Em todas, conseguia perceber sinais de caridade e amor.

Lembrou, com esperança, que a resposta de seu interlocutor era que, se achasse ao menos um número mínimo de pessoas justas naquelas cidades, haveria salvação. Só não esclareceu se a salvação seria para os justos ou para toda a cidade!

Ao regressar para sua tenda, encontrou Sara um pouco desconcertada com toda a situação. Pressentira o receio de sua esposa em tê-lo ofendido diante dos peregrinos. Mas, com profunda ternura, tomou-a nos braços e apertou-a contra seu peito. Perto deles, recostado em um canto da tenda, olhava-os com curiosidade e com certo ar de desconfiança o jovem Ishma'El. Com um pouco de esforço, Abraão aproximou-se, pôs-se de joelhos diante de seu filho e tomou-o em seus braços. Sentiu o cheiro de Ishma'El e louvou ao seu Deus com profunda gratidão. Sua família era seu grande consolo, e Abraão considerava um prêmio poder gozar na vida de companhias tão amorosas.

Mais ao longe, Agar, que testemunhara toda a conversa, trazia um semblante obscuro. Se fosse para seu senhor ter outro filho, por acaso não seria ela a genitora do clã? Enterrou seus pensamentos em um sorriso cético e saiu para as tarefas rotineiras.

Quando a escuridão da noite chegou e a ordem da hora era o recolhimento, Abraão, deitado em seu leito, caiu em sono profundo. Visões sombrias assaltaram seus sonhos.

Em suas visões noturnas, não tinha compreensão se eram verdadeiras ou apenas manifestações de um dia diferente. Olhava ao longe, de cima da montanha, via uma cidade horrorosa, com ruas cheias de pessoas embriagadas, brigando, fazendo sexo nos beirais das casas e no meio dos transeuntes; parecia que todos estavam enlouquecidos. Homens de todas as idades, mulheres com os bustos despidos. Havia risos que pareciam uivos de animais ou demônios. Um clima de prostituição bestial animava a cidade, que estava toda mergulhada em uma noite escura; não havia brilho nas estrelas, o céu parecia fechado. Não havia brisa, nem frescor.

Abraão, de seu lugar, viu dois peregrinos que chegavam à cidade e se dirigiam diretamente para a praça que estava bem no centro do alvoroço urbano. Viu a figura pálida de um homem se dirigir com avidez na direção dos peregrinos, instando a eles que o acompanhassem. Olhou com mais atenção e reconheceu o semblante preocupado e abatido de seu amado sobrinho Ló. O coração de Abraão ficou em suspenso com a visão de Ló. O que faria ele ali, no meio daquele alvoroço?

Depois, viu os peregrinos seguirem Ló até o lugar que Abraão entendeu ser sua casa. Após fechar a porta atrás de si, um movimento estranho aconteceu na cidade. Uma sombra passou entre os moradores, e todos saíram às pressas de seus lugares e se dirigiram à porta daquela mesma casa onde Ló entrou com os dois viajantes.

Diante daquela cena, o coração de Abraão parecia que havia parado! Sua respiração ficou extática. A tensão tomou conta de seu corpo.

Ao longe, uma discussão acalorada entre a turba da cidade e Ló parecia ter alcançado o ápice. De um lado, a massa que cada vez mais se agitava e parecia que ia para uma batalha violenta, do lado oposto, o pobre e solitário Ló, com o corpo recostado na porta de sua pequena casa, segurando-a com as mãos para que ninguém a pudesse abrir.

Abraão disse baixinho, quase em um murmúrio: eles vão trucidá-lo! Apenas fechou os lábios, a multidão avançou com grande ímpeto na direção de Ló. Parecia um mar de gente pronto para derrubar qualquer obstáculo que se interpusesse entre ele e o que queria. Nesse momento, o coração de Abraão entendeu que a turba enraivecida com Ló queria mesmo era os dois viajantes que estavam escondidos sob a proteção de seu sobrinho.

De repente, um forte trovão ecoou com grande violência sobre a cidade, enchendo de espanto aquela massa de gente enlouquecida. Uma mão tomou Ló com força e o puxou para dentro da casa, fechando a porta em seguida.

Antes que as pessoas pudessem se recuperar do susto provocado pelo imenso trovão, um relâmpago de imensa claridade arrojou-se sobre o céu daquela população. Um misto de assombro e de torpor tomou conta dos que estavam há pouco encolerizados.

Então, viu o vulto de algumas pessoas fugindo a toda pressa pelos fundos da pequena casa. Era Ló com sua mulher e as duas filhas. Viu também um vulto que os acompanhava e percebeu ser um dos viajantes. Parecia guiá-los por entre as escuras e estreitas ruelas da cidade, buscando um caminho seguro para que não fossem interceptados por ninguém.

Enquanto fugiam, Abraão percebeu que as outras pessoas pareciam estar tontas, sem saber para onde ir. Topavam umas nas outras, buscavam apoiar-se em qualquer coisa que parecesse seguro. Enquanto isso, o outro viajante saiu de dentro da casa de Ló, onde estivera, e, levantando a mão direita para o céu, invocou, com voz muito forte, semelhante ao trovão, a justiça divina. Com a mão esquerda, que segurava o cajado típico dos peregrinos, bateu no chão com autoridade. Depois desapareceu da vista de Abraão.

O patriarca do alto da montanha viu a pequena família correndo para sair da cidade enquanto o céu começava a se inflamar de tochas de fogo. Um terrível sobressalto veio sobre Abraão quando viu as estrelas se transformando em chamas vivas e se arrojarem na direção daquelas cidades.

Quando as primeiras bolas de fogo caíram no meio da urbe, gritos de desespero, choro, correria tomaram conta das pessoas. Um grande incêndio começou a varrer a cidade, levando almas e casas e qualquer coisa que estava pela frente. Era uma grande calamidade. Quem poderia se salvar de tão grande manifestação da ira divina?

Abraão voltou seu olhar espantado para o caminho que tomara Ló. A certa altura, Abraão percebeu que a mulher de seu sobrinho estranhamente se separara do grupo fugitivo e esboçara o caminho de volta à cidade. Ela estava com o coração contaminado pelo modo de vida pecador daquele povo mal e perverso.

Um grito aterrador irrompeu sobre o vale que o afundou como se estivesse boiando sobre águas, precipitando em uma densa escuridão as cidades da planície.

Uma grande nuvem escura encheu o horizonte envolvendo toda aquela região. Diante do assombro de Abraão, desapareceram as cidades castigadas. No lugar onde estavam, um fosso profundo surgiu e um grande lago deu lugar à campina verde.

Abraão fixou o olhar sobre o caminho que Ló havia tomado. Ele não estava mais ali, havia fugido para as cavernas que existem naquela região. Quanto à população, desapareceu no castigo divino.

Procurando a mulher de Ló, conseguiu identificar apenas algumas protuberâncias que pareciam feitas de sal. De fato, o Eterno salgou aquela terra por causa de seu grande pecado.

Quando despertou, seu coração estava comovido pelo que vira. Todo aquele terror teria realmente acontecido ou seria apenas um pesadelo? Muitos anos depois, viajantes contariam ao patriarca histórias de um grande terremoto que destruíra com grande poder as cidades da vasta planície, transformando-as em um vale de sal. Deram-lhe o nome de Mar de Sal (também Mar Morto), pois a terra ficou tão baixa que a salinidade da água, que brotou da terra por causa do tremor, tornou-a imprópria para consumo humano e para a existência de peixes em suas águas.

Lendas também falavam de blocos de sal em forma humana e de como dois grandes clãs conseguiram se salvar da calamidade. Abraão soube que esses clãs eram parentes de certo arameu de nome Ló, que conseguira fugir ao fragor da tragédia com suas filhas que mais tarde lhe deram netos, Moab e Amon.

O clã da alegria

A escuridão da noite logo se rende ao dia! A luz da manhã irradia nos corações ecos eternos de desejo de viver o novo que chega. De um dia para outro, Deus é capaz de fazer tudo ser renovado.

O tempo se rende à graça.
Basta um olhar do Eterno,
toda a criação se põe em ordem
e o mal se afasta.

Abraão sentiu que a benevolência de El Shaddai voltara para o clã. Estava feliz! Via uma profunda unidade nos elementos da natureza que cercavam sua existência. Pegou seu cajado e resolveu sair com o rebanho para o pastoreio. Levou em seu alforje vinho, pão, queijo de cabra e algumas frutas secas. Esperava voltar para casa ainda antes da refeição do meio do dia.

Andava com o rebanho de bodes e cabras junto com alguns servos pela encosta da montanha, contemplando a beleza daquele lugar. Ao longe estava o rio Jordão, serpenteando a região e dando fertilidade a terra. Parou em uma fonte, em uma das bases do monte, e descansou junto com o pequeno rebanho, enquanto os servos se distanciavam com as outras crias.

Aproveitou a paisagem cálida e acolhedora e a quietude dos animais para invocar o Santo Nome. Com palavras de louvor e agradecimento, dirigiu seu coração ao coração de Deus, seu amigo. Estava sentindo tanta paz que poderia passar todo o dia ali, a sós com o Senhor, tendo como únicas testemunhas as cabras e os bodes que lhe faziam companhia e a natureza ao redor.

Com o avançar das horas, sentiu que já era o momento de retornar ao aconchego de sua tenda, encontrar a alegria de Ishma'el e a presença consoladora de Sara.

Quando chegou ao acampamento, após se lavar para a refeição, pronunciou a bênção sobre os alimentos, lembrando o solene sacerdote Melquisedec, e entregou seu apetite às delícias da mesa preparada por sua amada esposa.

Olhou com profunda gratidão para Sara, que estava impressionantemente atraente. Apesar da idade ter lhe tirado muito dos traços próprios de uma jovem, notara a beleza e a elegância da postura de sua amada esposa, sempre tão equilibrada, acolhedora e carinhosa. Não conseguiu segurar o impulso que explodiu em seu corpo. Impetuosamente abraçou Sara e, com terno olhar, tomou-a para si como se fossem dois jovens vivendo o calor do amor juvenil. Entregaram-se um ao outro com muito amor.

Abraão sentiu-se amado. Sara regozijou-se com o carinho e a atenção que seu esposo ainda lhe dispensava. Naquele dia, o amor refloresceu e deu frutos!

Ambos estavam espantados com aquele novo fragor, pareciam dois amantes nupciais. Em Deus tudo se restaura, tudo se renova, mas só corações humildes e leais são capazes de experimentar a grandeza das obras do Senhor.

Quando os anos passam, a vida conjugal corre o sério perigo de cair no abismo profundo do tédio da rotina e de não conseguir reagir mais. O amor esfria, a relação pode ir se desfazendo em torno da lembrança dos desenganos e das infidelidades. É que temos uma estranha propensão para registrar com letras maiúsculas os fatos que trouxeram decepções e mágoas, que ficaram encadeadas na memória conjugal, que cada um carrega como um peso morto por toda a vida. De modo geral, é sempre mais fácil lembrar os fracassos do que dos momentos felizes.

Para se viver de forma saudável e feliz e poder colher os frutos de um bom relacionamento, é fundamental ter a capacidade de olhar para pessoa com quem se vive com gratidão e justiça, superando a inclinação a julgar a pessoa pelos detalhes da decadência trazidos pelo tempo, levantando um muro de resistência emocional contra as lembranças dolorosas, rejeitando atualizar os fracassos e as desilusões vividos nos anos anteriores que foram causa de frustrações e dor.

É preciso aprender responder aos momentos amargos da vida e às limitações que a idade manifesta, com o unguento da compreensão, da paciência e da alteridade. O amor não tem idade, nem imagem, é essência, convivência, confiança, esperança, liberdade e realização.

Felizes os casais, as famílias que conseguem fazer uma experiência altruísta da vida conjugal. Aprendendo a dar-se um ao outro, enriquecem a vida mutuamente, agregam sentido pleno às suas existências, fazem valer a pena a luta de cada dia. Por fim, ofertam ao mundo a continuidade da espécie predileta da criação de Deus: o ser humano.

Não são poucos os que entendem, com certo exagero, o papel reprodutor da família como uma realidade meramente funcional. Criticam as instituições que defendem a fecundidade familiar e, em nome de uma ideia limitada e reducionista de liberdade, falam de instrumentalização da mulher, como se gerar filhos fosse um fardo imposto culturalmente ao "sexo frágil", oprimido, reprimido pela cultura e custodiado pela vontade soberana de um marido.

Somente as mães, na fecunda perspectiva de maternidade, conseguem exprimir em tons reais o verdadeiro sentido de gerar um filho, fruto do amor conjugal, responsável e comprometido.

E Sara gerou!

Gritos jubilosos de alegria ressoaram por todo o acampamento. Ninguém poderia acreditar nas notícias de última hora que se proclamavam sobre a montanha, por isso o acampamento de Abraão efervesceu de visitantes e curiosos para testemunhar aquela feliz boa nova. A idosa senhora estava grávida de um senhor idoso; não poderia haver surpresa maior!

O próprio Abraão não se continha! O que era mesmo tudo aquilo? Perguntava-se a si mesmo!

Todos os servos, com toda presteza, corriam de um lado ao outro para preparar a festa. Os amigos chegavam sem parar. Mais que qualquer outro atrativo que as festas oferecem, queriam mesmo era ver o prodígio.

Foi um grande júbilo! Todos ficaram sabendo que o que acontecera no seio de Sara fora predito por três peregrinos que receberam hospedagem na casa de Abraão. Todos diziam que eram anjos aqueles viajantes, pois anunciaram um grande sinal de benevolência divina com o clã, e suas palavras se realizaram. Nada poderia refutar o conteúdo explícito daquela profecia divina.

Abraão guardou todas essas lembranças no coração. Lembrou o sonho que tivera de Ló e se alegraria ainda mais ao tomar conhecimento, anos mais tarde, das notícias alvissareiras que os caravaneiros lhe trariam a respeito da sorte de seu sobrinho após o castigo.

Agora era celebrar com gratidão, ofertar um sacrifício de louvor ao grande El Shaddai, o Deus das Montanhas e dos Pastores, o Senhor de todos os caminhos do homem justo. Abraão ofereceu suas preces com grande emoção e reconhecimento pelas misericórdias do Senhor.

O clima de festa durou praticamente todo o tempo da gestação da criança. Nesse meio tempo, Abraão cuidava com esmero do clã, gostava de se entreter com Ishma'el e cuidava com carinho de Sara. Na verdade, todos cuidavam da senhora da casa, todos a veneravam e amavam!

Isaac

Completou-se o tempo de Sara dar à luz seu filho primogênito. Uma paz envolvente como uma manhã eterna se estendeu sobre a montanha, penetrando na tenda de Abraão. Sem nenhum infortúnio veio ao mundo o filho tão esperado. Prorrompeu uma alegria tão grande que parecia que o monte Hebron também cantava e dançava. O menino veio ao mundo cheio de saúde, a mãe já idosa exultava com a graça que recebera.

Na humilde tenda, os visitantes encontravam um pai e uma mãe idosos com o menino. Uma atmosfera de amor e luz brotava e se expandia daquele lugar. Era a bênção do céu que descera sobre a montanha, na casa daquele casal de fé. Todos que participavam riam alegremente em grande júbilo!

Sara, que já era idosa, viu o fruto da fé de seu marido nascer. Percebeu que Deus a fizera mãe porque aprendera a esperar e suportar com paciência o tempo do cumprimento de uma promessa. Talvez nem pensasse em gerar filhos, mas, intimamente, sonhava poder dar esse presente a seu marido.

No oitavo dia de vida do menino, Abraão pegou-o e o circuncidou, consagrando-o a El Shaddai e pronunciando o nome com o qual deveria ser chamado: Isaac.

Nesse mesmo dia, após a festa da celebração do rito da aliança, o Senhor se apresentou a Abraão e, em uma visão, falou-lhe de uma herança. Aquela terra, que agora habitava, seria um dia propriedade dele e de seu clã para sempre, que um grande povo nasceria da descendência de Isaac e que, um dia, todas as famílias do mundo seriam abençoadas pela memória da família de Abraão.

O ancião ouviu com atenção aquelas palavras; envolto pela consolação de Deus, ofereceu uma libação de óleo e vinho, que derramou sobre um altar de pedra. Ali, naquele lugar em que o Senhor lhe apareceu junto ao poço, erigiu um memorial de pedras para lembrar da visita de Shaddai ao seu acampamento naquela ocasião tão fecunda e que mudaria para sempre a história do pequeno clã.

Isaac crescia com rapidez; era alegre, forte, impetuoso. Transformou a vida do clã. Tinha energia para distribuir a todos e ainda lhe sobraria. Gostava muito de brincar com Ishma'el e com as demais crianças que viviam no acampamento.

O canto dos pássaros, a relva verde, o azul do céu, tudo estava em harmonia, a vida se revelara tão imponente quanto valiosa. Os tesouros que temos, muitas vezes, estão escondidos debaixo das expectativas criadas. Prendemos o olhar nas expectativas e acabamos deixando de perceber o mundo e ver a beleza da vida! A contemplação da obra maravilhosa da existência é uma graça que os corações diligentes conseguem alcançar.

O homem que tem Deus como centro vital dos caminhos de sua peregrinação, nutrindo dia a dia uma espiritualidade integradora com os seus semelhantes e com a natureza, a partir dessa luz interior, consegue enxergar e perceber que todas as realidades que o cercam são boas, pois trazem em si um sentido que plenifica e sustenta as bases que tornam a vida tão rica e dinâmica. Somente os humildes conseguem enxergar com lucidez essa realidade existencial, por isso têm a capacidade de viver melhor os momentos, de reagir com solicitude e maturidade diante dos infortúnios. Em suma, são mais felizes!

O problema se estabelece nas zonas escuras da história pessoal, quando está repleta de ruínas, de lembranças dolorosas, que inflamam as feridas a todo momento. É preciso encontrar o caminho de volta ao lar da alegria e da esperança.

Como é difícil lançar o olhar para a própria história sem deixar de perceber o quanto de bom já ficou para trás, o quanto já se perdeu no tempo. A tristeza bate à porta do coração; sua irmã, a melancolia, traz consigo a companhia amarga da depressão, que se disfarça com o nome de resignação. Viver na companhia cinzenta da tristeza torna a vida insípida e perigosa.

Porém, quando o sedento quer saciar sua sede com água pura, tem de aprender a sair da vazante e colocar-se a caminho da fonte. Somente lá, onde brota a fonte, a água estará pura para saciar o espírito.

A fonte da vida não está na história contaminada pelas experiências amargas, mas no interior da alma. Somente quem desce à raiz profunda do ser encontrará sua imagem original. Nesse ambiente, estarão as ferramentas necessárias para regenerar a alegria plena da existência. Uma vez regenerada, a alma se lança impetuosamente sobre a história, não sendo mais um instrumento dela, mas a possuindo e ocupando seu autêntico lugar no dinamismo da criação.

Entre venturas e desventuras caminham os homens. A precariedade da vida atinge todos; alguns conseguem ficar um pouco mais imunes porque entendem o dinamismo do mistério que há em cada situação da vida. Viver é um dom de amor! Amar plenifica a experiência da vida e traz consigo um sentido existencial cheio de novas perspectivas e de sonhos que serão o combustível para continuar a caminhada até o fim.

Aceitando continuar o caminho até o fim, o coração verá quanto de novas realidades ainda se apresentarão no decurso da jornada. A vida tem um dinamismo, um misterioso movimento de novidades que, quando menos se espera, surge tão brilhante quanto a estrela da manhã. Basta continuar.

CAPÍTULO VII

O PAI DA FÉ

O nascimento de Ishma'el e de Isaac trouxe ao coração de Abraão uma grande consolação. Experimentava como Deus é bom, como a vida é uma belíssima dádiva de caridade, de gratuidade. Respirava com suavidade o tempo da graça em que estava vivendo.

É salutar saber viver com profundidade os tempos em que se recebe a visita do Eterno. Nos tempos de secura, aprender a esperar com paciência, pois, quando se desperta da longa noite da aridez e, do nada, sente-se o fino aroma do sereno que se derramou suavemente durante a noite, que silenciosamente irrigou a esperança de novos e fecundos dias, o cheiro da terra molhada desperta o coração para a alegria da vida. Tudo renasce, mesmo que debaixo da terra. Os dias trarão para o alto o frescor derramado no solo outrora insípido.

Há tempos na vida que nos ensinam que não se consegue nada por puro mérito. A própria história vai oferecendo as situações para onde a alma se inclina, ou seja, as realidades se concentram naquilo para onde o coração está voltado.

Na verdade, é errôneo entender *vida* somente no contexto de um acaso material eficiente e biológico. Compreenderíamos melhor seu sentido, em sua forma original e integradora, abrangendo os aspectos espiritual e humano como uma única realidade em via das relações naturais objetivas, que fundamentam a existência social. Essas relações pressupõem matizes históricas com fins de plenitude.

Onde encontra uma alma aberta, o Espírito de Deus se instala ali e promove o encontro. O que sobra são percepções, intervenções de um acaso que mescla sorte, infortúnio e muitas incertezas.

Os corações de Abraão e Sara eram abertos à intimidade com Deus. Aprenderam a cultivar desde cedo uma intensa relação de amor e respeito com a religião dos pais, nutrindo uma atividade espiritual cotidiana, o que lhes permitiu superar a devoção, que acabou por ceder lugar à amizade verdadeira com o Senhor.

Sua religião concreta lhes ensinou que a bênção não é condição somente de quem vive uma espécie de perfeição moral acentuada até as estrelas, mas é um prêmio ofertado gratuitamente aos corações humildes, pacíficos e sedentos de vida plena, que não desistem de buscar uma vida de perfeição mesmo tendo que se debater com as fragilidades da miséria humana que desemboca sempre em pecado.

Todos estão ao alcance da graça! Cabe ao homem estender-se em sua direção.

Naqueles dias, Isaac e seu irmão mais velho Ishma'el brincavam em todos os recantos das cercanias da grande montanha. Aprendiam as lições sobre a vida do clã nas histórias contadas pelo velho pai. Tomavam conhecimento das rotinas da tribo, do cuidado com os rebanhos, até lhes era permitido brincar com as crias pequenininhas, fazendo-se passar por pastores. Ishma'el, que já era bem mais velho que Isaac, ajudava o pequeno a se adaptar à vida sobre a montanha.

Não faltavam as brincadeiras, as risadas, os pequenos acidentes que envolvem o ambiente infantil. Mas havia uma atmosfera de muito cuidado com os novos integrantes do clã, que deveriam se sentir protegidos e integrados por todos da tribo.

Abraão e Sara descobriram que criar filhos é uma arte que demanda muito amor, cuidados com a formação física, psicológica – envolvendo as estruturas cognitivas, afetivas e culturais. Atenção com a saúde alimentar, mas também com as realidades transcendentais que envolvem o despertar para o mundo da fé.

Certo dia Sara estava observando as crianças que brincavam junto aos rebanhos. Ishma'El e os demais meninos riam alegremente das atabalhoadas investidas do pequeno Isaac sobre as crias. Seu coração se inflamou como um negro corcel de ciúmes e de dor. Não queria que seu filho fosse ridicularizado pelas demais crianças. Algo a mais lhe perturbou profundamente, a presença de Ishma'el que atuava em meio ao pequeno grupo como uma espécie de líder.

Sara deixou-se tomar por um amargo sentimento de angústia. Seu coração passou a alimentar uma tempestade de maus pressentimentos. Não conseguia perceber o quanto de ciúmes invadiu seu coração e como havia cerrado seu afeto com o filho da escrava. Foi um dia tenebroso o espírito de Sara.

No dia seguinte, logo ao amanhecer, seu coração havia tomado uma decisão: levar a seu esposo sua insatisfação com relação a Ishma'el e o desejo de que as coisas se resolvessem de forma definitiva.

– "Não quero que meu filho cresça sob a sombra do filho de Agar!", disse Sara a seu esposo. Aquela invectiva tão amarga entrou pelos ouvidos já envelhecidos do patriarca e rasgou o coração de Abraão como uma espada flamejante de fogo e tristeza.

O véu da unidade familiar estava se desfazendo com violência descomunal. Interesses de todos os lados se digladiavam como lâminas sedentas por sangue e dor. Cada uma, Sara e Agar, levantava sua bandeira de guerra em prol de sua grei. A desconfiança andava solta na tenda da humildade. Olhares se evitavam, e palavras eram medidas e calculadas para não dar quartel a qualquer má interpretação que viesse a causar uma repreensão por parte do chefe do clã.

Sara usava, e por que não dizer, abusava, de seu direito de matriarca para se colocar em posição de franco combate em favor do herdeiro legítimo do clã, o pequeno Isaac.

Havia naquelas palavras mais que um mero cuidado com o direito ao primado de Isaac sobre a tribo. E, de fato, ser o primogênito do chefe era um atributo que poderia ser discutido entre todos da família, mesmo entre os que eram servos. Agar poderia exigir o bastão de chefe para seu filho após a morte do patriarca. Como Sara também era idosa, poderia facilmente perder a capacidade de lutar pelo lugar de seu filho à frente do clã.

Novamente o coração de Abraão se viu diante do paradoxo entre a razão, a emoção e a fé!

Esses são caminhos por onde todos os dias o coração está sujeito a se deparar. Quem decidiu não fugir da tempestade terá que se submeter a enfrentar trovões e ventanias. Encontrará ao longo da caminhada intersecções ligando tantas realidades adversas, porém todas apontando para um único ponto. Apesar de tantos objetivos diferentes, todos buscam o mesmo fim: realização, felicidade. Peregrinos ou aventureiros, todos têm que escolher e decidir qual caminho começar a trilhar para encontrar seu próprio destino.

☙

O amor por Sara gritou mais alto, e o ancião aceitou os desejos de sua esposa. Pensou como sair daquela situação inusitada sem permitir que ressentimentos tomassem conta das relações. Não queria mandar embora Agar, nem se afastar de seu filho Ishmaél, a quem devotava muito amor. E pensar nos infortúnios que poderiam vir a acontecer com seu filho fazia ressurgir velhos temores.

Recolheu-se em oração para poder ouvir a voz de El Shaddai! Queria ser justo com todas as partes, sem destruir esperanças e afetos. Tinha medo de perder o amor de seu filho Ishma'el por uma atitude que pudesse ser entendida como se ele tivesse sido deserdado do pertencimento ao clã e da herança de Abraão.

No meio da tormenta, o espírito precisa estar preparado para discernir a voz de Deus. Nessas horas de crise, os frutos de uma vida de oração são provados e experimenta-se o doce mel da intimidade entre corações generosos e fraternos.

Não demorou muito, e, mesmo sem palavras, uma forte intuição instalou-se no íntimo de Abraão apontando um caminho. Uma certeza espiritual brotou nas terras pacíficas da alma do patriarca. Apostou em seu instinto de chefe tribal.

Abraão resolveu procurar um lugar para Agar habitar com Ishma'el e alguns servos. Gozava de muita consideração entre os moradores da região, por isso não demorou a encontrar uma localidade adequada. Depois do que experimentara dos males que o clima da cidade trazia, como aconteceu com Ló, decidiu que Agar e seu filho deveriam morar em uma região próxima ao deserto, em um oásis que era de propriedade de seu amigo Aquimelec, senhor do país.

Feitas todas as tratativas, não foi fácil a despedida. Quanta aflição invadiu a vida de Abraão naqueles dias. Na noite que antecedeu a despedida, o senil patriarca deitou-se, mas não conseguiu dormir, estava profundamente compungido. Com lágrimas que escorriam suavemente pela face, orou buscando consolação.

Pobre Abraão! Pobre Sara! Pobre Agar com seu filho Ishma'El!

Um torvelinho formado de nuvens escuras havia se lançado sobre o outrora límpido céu do clã. Entre soluços e lágrimas, a despedida se consumou! Agar e seu filho foram habitar em outras terras. Levavam, além da pequena bagagem de roupas, o material básico para a construção de uma pequena tenda. No abraço de despedida, o calor do corpo quase infantil de Ishma'El despejou uma duríssima tempestade de emoções em Abraão. Este entregou a Agar alguns pães e água para a jornada.

No íntimo de Abraão se levantava com convicção a vontade de nunca abandonar seu filho que tanto amava. Pensava consigo que não cessaria de visitá-los e provê-los em todas as necessidades. Quisera culpar Sara por tão desditosa situação, mas não teve forças para tanto. Sabia que de sua amada esposa não brotava nenhum sentimento de maldade. Ela apenas defendia o direito de seu único filho.

Quando as tênues chamas das fogueiras se acenderam no acampamento e o firmamento se encheu de escuridão, Abraão procurou um lugar solitário para se recolher em oração. Sentia um misto de amargura e saudades do sorriso largo de Ishma'El.

Respirou profundamente tentando encontrar equilíbrio emocional para rezar. Sentia o peito apertado e dificuldades para respirar, tal era a emoção que sentia. Ao inspirar, sentiu no ar o cheiro de seu filho e reviveu a lembrança de seu olhar paralisado, fixo nos olhos de Abraão ao deixar o acampamento, em uma marcha lenta e humilde de dolorosa despedida.

Sua face se intumesceu, a garganta enrijeceu com força e seu pesado corpo se curvou pela dor da saudade. Em um soluço incontrolável, Abraão pôs-se a chorar amargamente, sentindo a boca cerrar e os dentes rangerem em um esforço para controlar a altura dos gemidos. Um fio de saliva escorreu pelo canto da boca, perdendo-se na barba branca do ancião. Curvado pela forte compulsão, de cabeça baixa, levantou o braço, como quem procura uma mão para se apoiar, mas ali, junto ao ancião, não tinha ninguém que pudesse ajudá-lo e consolá-lo.

Sentiu-se o homem mais pobre do mundo! O mais desafortunado!

Por que quando tudo ia tão bem foi preciso acontecer tudo isso? Como essa dor que estrangulava com tanta violência o espírito pacífico de Abraão pôde se manifestar quando tudo parecia caminhar para um fim de existência feliz? A partida de seu filho deixara marcas inexoráveis em seu ser.

Passados alguns minutos, Abraão conseguiu acalmar um pouco o coração. Não quis pronunciar palavras, nem pensar em nada, deixando-se inundar pela completa nulidade. Percebeu que não passava de um insignificante sinal de vida na história do mundo, perdido no cume de uma montanha distante, como uma centelha que ao sopro de um fio de vento se apagaria para nunca mais ver a luz de um amanhecer sobre a montanha. Naquela hora dolorosa, era, de fato, totalmente incapacidade, fraqueza, limitação, precariedade. Só lhe restava deixar que tudo descansasse nas mãos do Eterno.

Foi acalmando-se cada vez mais até que todo o seu corpo repousou. Em silêncio, deixou-se ser preenchido pela paz de El Shaddai. Falou-lhe como a um amigo íntimo a quem se busca com avidez para ouvir um bom conselho.

Não demorou para perceber o sibilar do vento da noite que trazia para dentro da tenda a presença suave da consolação de Shaddai. Ouviu com fé e devoção palavras eternas de amor e cuidados que o Senhor dispensaria a Ishma'El!

Sentiu-se profundamente consolado! Entregou-se com profunda liberdade às mãos amorosas Daquele que foi sempre seu Pastor.

Tudo bem! O Senhor da vida decidira que tomaria conta do destino de Ishma'El. Abraão ficou em paz. Aprendera desde a aurora de sua existência a confiar no Amigo.

A verdadeira amizade nasce e cresce sobre o manto acolhedor da fidelidade e mútua confiança. Quando o coração aprende a confiar, percebe que todos os caminhos, por mais desafortunados que possam ser, sempre apontarão mais à frente terras com lindos jardins multicores, fontes de águas descendo das cascatas eternas e uma recompensa extraordinária de vida.

A mesma confiança que o coração humano oferta a Deus é reflexo da que recebe do alto. Cada reposta que damos ao Eterno, no fundo, acaba sendo como uma nova proposta de vida e amizade!

De encontro em encontro, o peregrino vai fazendo seu caminho, até chegar ao Reino da paz definitiva.

O grande combate da fé

Os dias curam as feridas, mas as cicatrizes permanecerão lá, até não serem mais do que marcas de histórias dolorosas que se perderam no tempo.

Com o passar dos dias, certa normalidade foi voltando à rotina daquele clã que habitava sobre a montanha. O ambiente de trabalho tomava conta dos dias. Às mulheres cabiam as atividades mais duras; os cuidados com as necessidades domésticas eram uma pena rigorosa para as servas. Pegar água no poço e carregá-la, em grosseiras jarras sobre a cabeça, para dentro da tenda, para o abastecimento do lugar reservado à higiene pessoal dos membros da família; lavar as roupas dos homens e filhos; limpar; cozinhar em vasilhas toscas e pesadas; juntar lenha para as assadeiras, preparando as fogueiras e os detalhes das refeições; fabricar queijos, manteiga, vinho e xarope de cevada. Também estava sob seus cuidados a correta estocagem de alimentos para os tempos rigorosos do inverno e o fabrico de cobertores e mantas de peles para aquecer durante as geadas. Cabia também às mulheres da tribo produzir o óleo para as lamparinas.

Era ofício feminino cuidar dos mínimos detalhes da vida hodierna. Todos os bens e a rotina dentro da tenda ficavam sob os cuidados atentos das servas e das esposas, que dedicavam enorme zelo e esforço para manter o ambiente limpo e acolhedor.

O toque feminino ditava a atmosfera austera da vida das famílias semitas. Era uma rotina de duro trabalho que começava bem cedo e se estendia por todo o dia. Muitas vezes juntava também o trabalho nas colheitas e, não raro, a tosquia das ovelhas.

Os homens se dedicavam a pastorear o rebanho pelas montanhas e estepes. Faziam negócios nos mercados das aldeias e participavam das discussões nas praças. Eram autoridades absolutas no seio da família. Proviam as necessidades por meio de resoluções e distribuições dos afazeres. Munidos de espadas e lanças, eram os guardiões da ordem e a quem cabia exercer a justiça de estado. Toda a riqueza e todo o direito de propriedade ficavam a seu dispor, cabendo a ele o direito de comprar e vender o que quisesse. De fato, negociar era uma vocação daqueles homens.

Havia muitos que se dedicavam à lavoura, à pesca e à produção de artigos de uso diário e de pequenos objetos de luxo. Fabricavam ferramentas e armas, tecidos de couro e ornamentos requintados. A política se restringia ao ambiente masculino, assim como o serviço das armas. Não havia terras em nome de mulheres; tudo era propriedade dos senhores, até mesmo mulheres e crianças.

Como os homens gozavam de um tempo de maior liberdade e, não raro, ociosidade, aprimoravam suas devoções e seus rituais, elaborando e enriquecendo cerimônias em honra de suas divindades. Os sacerdotes, outra função exclusiva do sexo masculino, ensinavam ao povo comum as formas de adoração e exigiam o tributo. Geralmente estavam associados à autoridade local para o bem dos privilégios que buscavam gozar. A divisão social do trabalho envolvia, com riqueza de variedades, aquelas sociedades antigas.

Organizada preponderantemente nesse formato monolítico e estático, a sociedade Cananeia, que se situava no território que mais tarde recebera o nome de Palestina, não fugia das características comuns dos demais povos que lhe estavam ao redor.

Era costume os anciãos da aldeia se reunirem no pórtico de entrada do vilarejo para falarem das coisas mais comuns, de notícias de guerras e das novidades trazidas pelas caravanas de mercadores. Nas pequenas praças funcionava o comércio local, com bancas e barracas que vendiam e compravam dos mais exóticos alimentos a animais e artigos de uso doméstico.

Em um desses encontros casuais, Abraão ouvira com atenção os relatos cheios de superstição de alguns notáveis anciãos sobre o poder sobrenatural da divindade local, Baal, de como Baal abençoava as colheitas e protegia o povo dos invasores e das pragas.

Baal era o senhor da casa, o protetor das colheitas, o soberano etéreo de todo o país.

Intimamente, Abraão pôs-se a pensar na presença de El Shaddai naquele território que pertencia a outro senhor. Se Baal tivesse mesmo poder, como afirmavam os moradores locais, então como Abraão ainda conseguia sentir a presença de seu Deus. Dois deuses poderiam conviver em harmonia sob um mesmo território? Haveria algum tipo de união ou, ao menos, de relação entre divindades tão diferentes?

Abraão começou a conjecturar possibilidades. Algumas um pouco infantis sobre a convivência dos cultos de El Shaddai e Baal. Gracejou de si mesmo. Seu coração tinha lugar somente para um único Senhor: Shaddai! *O Deus que caminha comigo pelas estepes.*

Enterrou seus pensamentos nas atividades do dia, e as preocupações da rotina do clã acabaram por absorver os pensamentos do ancião.

Contudo, as sementes da dúvida foram lançadas em terreno fértil. O misticismo dos povos antigos era uma das realidades mais marcantes de sua cultura. A ausência de cultos bem elaborados, de ensinamentos que ajudassem a compreender o mistério colocava o povo simples e humilde nas mãos de uma classe de sacerdotes inescrupulosos, que, não raro, alimentavam um tipo de crendice que tinha como pano de fundo projetar um ambiente de medo e insegurança quase neurótico. As pessoas tinham medo de tudo! O infortúnio estava sempre à porta. Restava ao povo satisfazer a divindade com oferendas e sacrifícios, tributos e promessas.

A vida era prisioneira da morte! A noite trazia com a escuridão toda sorte de gênios do mal, pragas e maus espíritos. Mal e bem eram conjunções que se alto alimentavam de acordo com a devoção do crente. Todos os caminhos estavam fechados pelas realidades das forças sobrenaturais. Só restava ao homem tributar à divindade para poder escorar sua vida de miséria e pobreza de forma minimamente digna.

Para assombro de Abraão, aquelas palavras dos anciãos da aldeia sobre Baal voltaram a ecoar em seu coração, e, para piorar a situação, ouviu furtivamente alguns servos conversando sobre o mesmo deus, de como certa família conhecida havia sido abençoada com a fertilidade por Baal e de como a tragédia da morte de um filho primogênito alcançou outra casa por causa da falta de fé que ofendeu seu poder.

Os cananeus tinham uma forte devoção por seu deus, acreditavam piamente em sua força de bênção e maldição. Baal era o deus da fertilidade e da fecundidade, exigindo de seus adoradores o sacrifício do primogênito como ato de fé, para abençoar a família ou o rebanho com a bênção da fertilidade.

Era comum as famílias camponesas ofertarem a Baal o filho que nascesse primeiro, como sacrifício de adoração e súplica, implorando os favores da divindade para que a família, base de sustentação econômica dos clãs, pudesse ser grande e produtiva. A riqueza e a prosperidade de um homem estavam no tamanho de sua tribo.

Mais tarde os profetas de Israel vão denunciar a ferro e fogo as práticas abomináveis do culto a Baal. Porém, mesmo com a resistência obstinada dos santos profetas a Baal, o povo continuava a acreditar e secretamente manter os sacrifícios até época bem tardia.

Tal foi a influência do culto cananeu que, até os dias atuais, em várias regiões do oriente médio, o pai de família é denominado por Baal: o *senhor* ou o *proprietário*!

Uma estranha inquietude cruzou o horizonte do coração de Abraão. Seria ele um renegado naquela terra estrangeira por causa de sua falta de fé no deus da população local? Aqueles dias se passaram pesadamente. O coração estava perturbado, havia uma ansiedade crescente se manifestando e um turbilhão de ideias e pensamentos ziguezagueando na cabeça do peregrino.

Abraão era de personalidade muito sensível, como característica dos pastores que aprendem a viver no meio de tantos obstáculos da natureza era da vida. A idade avançada lhe trouxera equilíbrio, principalmente a capacidade de examinar cuidadosamente os fatos antes de tomar decisões. Sua longa vida já lhe trouxera muitas lutas. Aprendeu a dialogar com o silêncio e a olhar com atenção os distintos movimentos do mundo que lhe circunda. A idade faz o coração entender que já não precisa mais aguentar certas situações como um jovem aprendiz. As decisões são sempre para o tempo mais próximo possível, o que tem de ser feito é para um presente que foi se tornando cada vez mais precioso.

Na velhice o olhar sobre a vida é mais curto, por isso, mais belo e rico. Os sonhos são para o instante seguinte. Já não há mais energias para ilusões e quimeras, os velhos castelos de areia já foram levados pela brisa que soprou por toda a longa tarde ensolarada da juventude. O que ficou foi a vida nua, crua e presente. Por isso deve ser revestida com a veste do carinho e do amor, o sabor das verdadeiras amizades e as cores da esperança.

Ao entardecer de certo dia, Abraão pôs-se a pensar consigo sobre o fato de ter tido forças para conceber dois filhos em sua velhice. Seria talvez possível poder gerar mais herdeiros! O caminho estaria fechado por causa de sua falta de fé em Baal? Pensou Abraão.

Foi uma longa e escura noite, em que o ancião buscou ouvir uma resposta de Shaddai, mas somente ouviu o murmúrio de pensamentos confusos e duvidosos.

Na manhã seguinte, após o desjejum, servido bem cedo à base de coalhada, pão fresco e queijo, Abraão resolveu retirar-se para orar invocando a presença de seu Senhor. Seu coração estava árido, inquieto e impaciente. A manhã transcorreu e nada da presença de Shaddai.

Quando voltou ao acampamento, deixou o coração falar a Sara. Queria ouvi-la. Sua esposa foi sempre uma fonte segura em que encontrava a palavra certa e o apoio em suas decisões. Mas, dessa fonte, Abraão não encontrou a resposta que lhe acalmasse o espírito.

Abraão estava muito perturbado! Dentro de si uma terrível luta culminou com ferocidade.Não sabia em que se apoiar. Sentia que estava à beira da loucura. Havia se isolado de tudo ao seu redor. Seu rosto se alterou, sua face empalideceu com uma tal brancura que parecia mais a figura de uma alma perdida no meio da escuridão do que uma pessoa viva. Não conseguia entender o que se passava naquele momento, tudo parecia ter perdido a substância. Sentiu uma forte opressão tomando conta de seu tórax, a respiração ficou arquejante, a morte começou a rondar a alma do ancião, tamanha era a luta em que se encontrava.

No fundo, a luta interior de Abraão se dava essencialmente no território da fé. Tamanho foi seu combate que a tensão psicológica em que estava envolvido transcendeu da mente para o corpo. A crise foi somatizada.

Esta é uma realidade física: quando uma pessoa entra em estado crítico de tensão psicológica, seu organismo produz respostas físicas como uma tentativa de aliviar aquela tensão por um mecanismo natural de escape. Assim podem aparecer náuseas, incontinências do aparelho urinário ou intestinal, fadiga excessiva, enxaquecas e tantas outras respostas do corpo, até levar a estados de desmaio e perda da consciência. Como consequência, surgem os traumas que se arrastarão por toda a vida, deixando suas sequelas em forma de medo, ansiedade, e as mais diversas reações a determinadas situações que a vida apresentar.

Abraão estava às portas da neurose. Seu rosto branco e macilento estava pálido e umedecido pelo suor frio. Um grande desconforto tomou conta de todo o seu corpo chegando quase ao desmaio.

Aquela batalha se desenrolava sobre duas ideias que tomaram de assalto seu pobre espírito: de um lado a sua fidelidade e amizade com El Shaddai lhe garantiram uma descendência já na velhice. Abraão via nesse fato um grande sinal de amor e predileção. Por outro lado, o senhor da terra, Baal, estaria acenando com uma nova possibilidade de gerar mais descendentes ao patriarca trazendo dessa forma um prêmio ao pequeno clã pelas tantas humilhações que ele e sua amada esposa Sara passaram e quanto sofreram por causa delas.

A alma de Abraão havia empunhado uma espada de dois gumes e estava preparada para o corte certeiro. Só faltava escolher onde seria o alvo.

Dois projetos

Quando o coração grita, é sinal de que as palavras já não conseguem mais exprimir o conteúdo da vontade. Quem aprendeu a falar com Deus entendeu que somente o coração consegue manifestar as verdades mais profundas da alma. Aqui, palavras não dizem nada!

Naqueles dias, Abraão havia mergulhado em um lago de águas densas e escuras. Procurou ardentemente encontrar a luz clara do caminho, logo percebendo que era um esforço em vão.

Naquela noite, ao recolher-se para o descanso, teve dificuldades para adormecer. Entre penumbras e a chama luxubriante das lamparinas, o corpo do velho patriarca se jogava de um lado para o outro entre suspiros e palavras sem nexo. Sonhos estranhos e sensações de medo e terror tomaram conta de seu leito.

Em meio àquela agitação noturna, uma voz rompeu pelo interior da tenda e tomou todo o ambiente. Abraão não conseguia compreender se estava tendo um sonho ou se a voz era real. O estranho interlocutor falava agora com clareza. Em seu falar, propôs um novo pacto de aliança. Era necessário ao homem de fé fazer um grande voto sacrifical em favor de sua descendência! Ante a inesperada proposta, o desconcerto de Abraão foi tal, que não conseguia entender o que aquilo significava. A voz continuou a falar:

– Abraão, toma teu filho, a quem tanto amas e vai à montanha que te mostrarei e ali, sobre a montanha, sacrifica-o em sinal de tua fé![28]

Abraão não ousou dizer uma única palavra, seu coração ficou congelado ante aquela insípida proposta. Não sabia o que pen-

[28] Cf. Gn 22,2.

sar, nem mesmo conseguia ordenar as ideias que lhe assaltavam a mente. Seu corpo todo tremia, e uma agitação muscular tomou conta de seu físico como em forma de espasmos.

Quando saiu daquele estado de lassidão, não conseguia discernir se tivera um sonho ou uma visita. E, se tivesse sido uma visitação divina, quem era seu visitador?

Quando o dia foi iluminado pelas primeiras luzes do sol, Abraão havia consentido firmemente em atender aquela voz que lhe visitara na noite anterior. Uma característica marcante do patriarca foi sempre a sua docilidade com relação às manifestações do sagrado em sua vida. Foi sempre um humilde servo de sua fé, buscando sempre se conformar à vontade divina e vivê-la com austeridade e confiança.

Sem parar para pensar no que estava acontecendo, Abraão tomou dois servos, em quem depositava muita confiança, mandou preparar uma montaria e algum alimento e tomou seu filho Isaac.

Ao perceber todo aquele movimento peculiar naquela manhã, Sara, tomada de surpresa, dirigiu-se a seu esposo com um olhar questionador.

Mesmo tentando evitar, Abraão não conseguiu disfarçar sua angústia diante do que estava por vir. Dirigiu a Sara algumas poucas palavras de consolo e mandou que beijasse Isaac e o abençoasse, pois iriam empreender uma jornada, cujo caminho estava guardado pela vontade de Deus.

Com um breve aceno, despediu-se de Sara e partiu com Isaac e os dois servos em direção ao lado oposto do acampamento evitando ser fuzilado pelos olhares curiosos. Seus ombros tensos, o caminhar vacilante, que se emoldurava mais ainda com o tremor da mão que segurava a vara, denunciavam que aquela marcha era algo diferente de tudo que já se passara naquele clã e trazia uma aura de mau presságio.

O coração de Sara estremeceu, o tempo a havia ensinado a familiarizar-se com a resignação. Tudo estava nas mãos amorosas de El Shaddai; a partida foi marcada por súplicas de misericórdia e de um bom retorno.

Cabia a Sara enfrentar aquele momento com orações pelos viajantes. Sua intercessão, sem dúvida, daria fruto naquela sombria empreitada.

A marcha começou! Quando o homem percebe que deu um passo na vida que não poderá mais voltar atrás, mesmo tendo o sentimento mais convicto de que aquilo era o certo a fazer, dúvidas e receios começam a surgir, minando o ímpeto inicial, gerando suspeita sobre o sentido daquela escolha. A psicologia da decisão flutua sempre entre o razoável e o absurdo.

O ser humano anseia por plenitude, mas sempre que a encontra, temeroso, enreda-se por mundos de dúvidas e aflições. É inerente ao ser humano essa manifestação de medo diante do inevitável. O absoluto, o caminho sem volta, é um universo que assusta e desconcerta mesmo os espíritos mais decididos.

Aquela partida era algo tão inesperado quanto agonizante. Para onde ia aquele pequeno grupo? Onde estaria o lugar escolhido para descansar e quem sabe outras realidades necessárias aos viajantes? Que perigos poderiam advir à pequena caravana?

O coração de Abraão entrou em profundo silêncio. Ele recusava-se a conjecturar qualquer pensamento ou juízo de valor. Seu espírito hibernou naquele trágico caminho. Não falava, não pensava, tudo era caminho, era seguir em frente sem saber onde seria o fim da expedição. Negava-se a pensar sobre o fim daquela jornada. Com grande esforço mental, tentava prender seus pensamentos na lembrança do que deixara para trás, procurando se distrair com a conversa dos servos que o acompanhavam.

Enquanto o pequeno Isaac se entretinha com os demais companheiros de viagem observando a paisagem e a beleza das plantas, imitando o cantarolar dos passarinhos e dando nome às grandes árvores que encontravam no caminho, o coração do velho patriarca estava absorto em angustiosa dor. Aquele clima alegre e descontraído do menino era uma adaga rasgando o peito de Abraão. Este, enquanto o dia avançava e diante do clima de alegre distração do grupo, começou a suspirar interiormente vendo que seu espírito começava a ser tomado pela angústia. Queria não pensar, não imaginar e, para tanto, resolveu voltar ao clima descontraído dos demais companheiros.

No terceiro dia de jornada, quando a manhã já se aproximava da hora da refeição, entre as duas partes do dia, com o sol a pino, Abraão viu ao longe o cume de um monte que lhe chamou a atenção. Percebeu algo diferente naquele lugar. Começou a sentir uma atração por aquela elevação que considerou como um lugar sagrado. Um dos servos que conhecia bem a terra o chamou de Moriah, o *Monte de Deus*.

Seu coração bateu mais forte, desprendendo uma enxurrada de batimentos que encheu o rosto do ancião de uma vermelhidão incomum. Sua tez ficou sombria. Diante da elevação, Abraão teve a certeza de que chegara ao fim da viagem.

Eis o lugar!

Mandou seus servos pararem ali mesmo e montar acampamento. Pediu a Isaac buscar lenha seca para o fogo e, tomando duas pequenas pedras que trouxera consigo, passou a crispar uma na outra até o crepitar de uma pequenina chama aparecer no pedacinho de ramagem seca, usando-a para acender uma das tochas que levavam consigo na viagem. Pegou com cuidado a pequena faca de lâmina de bronze polido e a guardou em seu cinto. Então, sem mais delongas, mandou aos servos que ficassem de guarda no pequeno acampamento, que colocassem uma parte da lenha presa em uma corda para que Isaac a levasse com ele até o pico da elevação para ali oferecerem um holocausto votivo.

Os servos, acostumados como eram a não indagar seu amo, apenas se entreolharam com discrição e silêncio, permaneceram guardando a montaria e os poucos víveres que tinham levado.

☙

Enquanto Abraão subia penosamente a rochosa montanha na companhia do pequeno Isaac, que levava a muito custo o fardo com lenha, o pico ficava cada vez mais próximo.

O pequeno, não se contendo, perguntou com voz trêmula por causa do esforço da subida: – "Pai, o que faremos na montanha?"

Abraão respondeu com voz embargada:

– "Viemos para oferecer um sacrifício!"

E Isaac, com voz cheia de inocência e com um ar de gracejo retrucou encolhendo os pequeninos ombros: – "Então, onde está o sacrifício?"

Ao ouvir aquela pergunta, vinda daquela fonte tão pura, tão simples e humilde, Abraão não conseguiu se conter. Sem deixar que Isaac percebesse, enxugou com a manga de seu manto o rio de lágrimas que corria de seus olhos, molhando sua face e seu pescoço. Sentiu um desejo absurdo de gritar, de se lastimar por estar ali, mas não podia mais voltar atrás.

À pergunta de seu filho respondeu com a única palavra que lhe brotou do coração: – "Meu filho, Deus mesmo proverá nosso sacrifício!"

Como é próprio do espírito questionador das crianças, a cada alguns poucos passos da subida vinha a mesma pergunta aos ouvidos do ancião, que, com santa paciência, repetia a mesma resposta. Foi um diálogo marcado pelo fogo da inocência e as torrentes do amor.

Ao chegar ao cume do monte, os dois companheiros de subida pararam. Abraão fitava com o olhar perdido entre as elevações rochosas e íngremes do local em busca do lugar adequado. Evitou a todo custo lançar olhar na direção do pequeno Isaac, que, postado ao seu lado, jogara o fardo de gravetos secos que serviriam de lenha no chão rochoso, como se pesasse uma tonelada e, suspirando ofegante, colocou uma mão na cintura em sinal de cansaço enquanto segurava na aba da túnica de seu pai com a outra buscando proximidade e equilíbrio.

Os dois ficaram em silêncio contemplando a visão que o monte proporcionava. Era um lindo firmamento, apesar da forte claridade por causa da hora. O céu estava de um azul límpido com poucas nuvens a marcar a paisagem da eternidade. O sol, a toda a carga, lançava calor e luminosidade em abundância. Havia uma paz que enchia o lugar de uma atmosfera de santidade. Até mesmo o coração do patriarca sentiu-se amparado por aquela paz. Mas era necessário continuar!

Abraão chamou Isaac, que, a um gesto de seu pai, entendeu que era para lhe trazer a lenha para perto. Abraão escolheu um bloco rochoso na saliência da grande massa de pedra que se lançava para cima e dispôs com cuidado a lenha, de tal forma a permitir que a chama da tocha pudesse acender a fogueira em forma de cone; dessa forma, permitia que o sacrifício fosse consumido mais rápido pelo fogo.

Isaac, com um olhar curioso, estendeu seus braços para o alto e perguntou pela enésima vez – "onde está o sacrifício?"

Com os olhos cerrados, Abraão tomou o menino em seus braços e o apertou com força em seu peito em um longo e intenso abraço. Isaac sentiu a força dos braços já envelhecidos de seu pai e sentiu-se reconfortado por aquele abraço. Sentiu em seu pequeno peito as batidas do coração do pai. Repousou a cabeça no ombro de Abraão e, sem conseguir entender o que se passava, deixou-se envolver pela confiança que sentia em seu velho pai.

O tesouro do amor, da confiança, humildade e solicitude que há no coração de uma criança é a manifestação mais luminosa da natureza da graça infundida em cada ser humano criado por Deus. Na inocência da criança, repousam as únicas realidades perceptíveis aos sentidos humanos do que é a vida no Reino de Deus. O coração da Santíssima Trindade transborda o amor puro e santo que se derramou na criação do gênero humano e que enriqueceu a vida humana dotando-a da beleza da infância, como uma via de consolação e graça, que foi feita para deixar na história humana uma raiz de momentos bons e de experiências felizes. As crianças são vocacionadas à felicidade. São testemunhas vivas de que a vida não é um fardo, mas alegria, esperança e paz.

O universo inteiro ficou em suspenso! Abraão tomou seu filho e, com cuidado e suavidade, reclinou-o no leito rígido forrado de galhos secos. O menino não se mexia. Parecia paralisado por uma força que o impedia de qualquer reação. Estava nas mãos de seu amado pai, que mal lhe poderia acontecer!

Abraão derramou um pouco do azeite que trouxera em seu alforje sobre a cabeça de Isaac, ungindo-o para o sacrifício. Em ato contínuo, tomou o pequeno cutelo de lâmina afiada e invocou com voz rouca a grande misericórdia divina. Fez uma oração de oferecimento a... El Shaddai! E, em breves palavras, lembrou ao Eterno sua fidelidade e como escolhera seus caminhos e em tudo buscara ser sempre fiel e justo.

Diante do silêncio que parecia ter emudecido até mesmo os pequenos ruídos da natureza, o velho patriarca estendeu a mão para realizar o sacrifício, medindo intuitivamente a distância do pequeno pescoço de Isaac. Não teria forças para dar um segundo golpe. Era preciso ser cirúrgico para evitar o máximo de dor ao menino.

Sua mão agarrou com toda força o cabo de madeira da pequena faca. Enrijeceu o braço e o levantou para o golpe fatal!

Ao inclinar o corpo para desferir o golpe, subitamente, estremeceu por inteiro ao ouvir aquela voz familiar:

– "Abraão! Não faças isso. Não faças mal a teu filho tão amado! Agora sei que teu coração é cheio de santo temor e que não pouparias teu próprio filho por causa de minha palavra".[29]

Que tempestade foi essa que passou ali sobre o alto do monte? Parecia um tremor de terra. Mas não foi uma tempestade, nem mesmo uma ventania. Foi a brisa suave de um encontro de grandes amigos. Na hora das escolhas, o coração se volta para o que é mais verdadeiro. Em momento algum o coração de Abraão acolheu o projeto sanguinolento de Baal, mas caminhou para o sacrifício atendendo uma voz que propusera um caminho diferente para o pobre pastor. Por não saber a que se destinava o sacrifício só restara a Abraão acolher.

No instante preciso da decisão, o coração do patriarca já estava ocupado por uma fé viva, nascida da experiência concreta no Deus da vida, o senhor das estepes, que caminha com ele: El Shaddai!

O próprio Senhor lhe apontara um pequeno arbusto sobre o monte em que uma jovem ovelha estava presa. Abraão entendeu que aquele cordeirinho era o sinal providencial da resposta que esperava do alto. Em um ímpeto de reflexo, retirou seu filho de sobre a lenha e colocou-o em pé. Com toda a pressa e contando com a ajuda do pequeno Isaac, tomou nos braços a ovelhinha do meio dos galhos ressequidos do arbusto e, com profunda gratidão, ofertou-a em um holocausto de eterna fidelidade.

Enquanto a fumaça subia, enchendo o ar de um aroma ocre, por causa do óleo derramado sobre a vítima, o coração do patriar-

---

[29] Ibdi. 22,12.

ca parecia estar em um transe de agradecimento e louvor, comoção e agonia. Seus ombros agora começavam a relaxar, a respiração voltava ao curso normal. Após um curto espaço de tempo, seu coração deleitava-se com a graça alcançada naquele combate de fé. Aquela foi a mais terrível batalha que já enfrentara na vida. Foi a prova mais dura que o espírito do pacífico pastor teve de encarar.

Abraços e beijos encheram Isaac de alegria.

A fé de Abraão foi aprovada. Da agonia à exultação, o caminho foi estreito. Basta um gesto serenado pela fé ou esperança e a entrega confiante nas mãos do Pai para voltar a tremeluzir a bandeira da vitória. A paciência conduz o homem até o fim da jornada. Se desistir de lutar antes de chegar, sobrarão sensações de vazio, frustrações e melancolias. As provas da vida, quanto mais duras, trazem os maiores prêmios aos vencedores.

Fixando a figura tão miúda e inocente de Isaac, que não desgrudava o olhar do holocausto, amou-o com tanta ternura que foi com dificuldade que conseguiu segurar o choro. Por um momento, quis imaginar o que teria acontecido se não tivesse havido a intervenção milagrosa de El Shaddai! Logo seu coração perdeu a paz.

Renunciou a pensar nisso! O que valia a pena era viver essa grande vitória.

Mas o que estava acontecendo com o velho patriarca para lhe levar até o Moriah?

A cultura dos povos antigos entendia o senhorio de uma dada divindade sobre um território que lhe fosse consagrado. Cada deus apresenta seu projeto para seu povo e exerce sua autoridade sobrenatural naquele país de forma soberana.

O Deus dos pais de Abraão era Shaddai, o Deus das estepes, o que tem como projeto a vida, tão duramente provada na luta do dia a dia da faina dos pastores. Na sociedade cananeia, onde Abraão vivia, havia o culto a Baal, cujo projeto era a fecundidade e a fertilidade por meio do sacrifício do primogênito, tanto de homens, quanto de animais e até dos primeiros frutos das colheitas. Em síntese, era um projeto de morte.

Cabia a Abraão escolher em que projeto de fé iria permanecer, não somente ele, mas sua descendência também. Uma vez que se conformasse ao culto a Baal, todo o clã seguiria o mesmo caminho e entraria em uma espécie de sincretismo religioso.

O que aconteceria com a *Religião dos Pais?* Com a memória cultural que herdara da tradição dos pastores nômades? E, principalmente, como ficaria a amizade tão verdadeira com Shaddai?

Abraão no momento decisivo disse não a Baal e seu projeto de morte. A essa divindade local, jamais! Mas ao Deus, que tudo vê, que ama e que fez uma aliança eterna de amor e misericórdia: SIM! O sacrifício que Abraão ofereceu foi a El Shaddai, o único Senhor da vida, Aquele que é digno de receber a oferta votiva de um sacrifício, não de um filho, mas do fruto do rebanho, não em troca de favores, mas como um ato de gratidão e de aliança ao seu projeto: a VIDA.

Na memória espiritual de Abraão ainda restavam muito vivos os caminhos de suas peregrinações. A jornada cheia de esperança para Harã, a alegria da chegada a Canaã, a liberdade conquistada no país do Egito, a libertação de Ló e seus concidadãos, o nascimento de Ishma'El e Isaac, o Deus que amparou e reconduziu Agar, tudo era vida. Tudo naquela relação se reportava à alegria, esperança, paz.

Como então se render a uma proposta que tinha como selo o derramamento de sangue? E de sangue inocente?

Fazia-se muito custoso a Abraão acolher esse novo caminho, pois seria uma agressão violenta à sua tradição familiar e religiosa. Na base de sustentação do sistema tribal, a família ocupa o centro da vida comunitária. Destruí-la seria o mesmo que jogar por terra todas as vigas-mestras que mantinham o clã enquanto núcleo familiar.

Entre a vida e a morte, Abraão balançou violentamente, mas optou pela vida. O verdadeiro Senhor de Abraão lutou em cada pedaço de chão pisado pelo peregrino por causa da manutenção de suas vidas e da dignidade do clã. Na hora decisiva, Abraão aguardou o sinal do céu e da terra para seguir em frente. Do céu veio a voz que sempre esteve em seus caminhos, da terra veio a providência de uma cria levada ao monte por uma mão providencial. Abraão não se incomodou em tomar a pequena ovelha que se desprendera do rebanho que passara naquele monte em algum dia próximo de sua chegada. Acolheu-a como um presente dado por Shaddai, pois no auge da decisão, tudo se recolheu à benevolência divina.

Com esse ato de fé, Abraão rompeu em definitivo com o paganismo cananeu e lançou, por sua coragem e obediência, as sementes do monoteísmo bíblico, fecundando uma história que não tem fim.

O que se passou no coração de Abraão naqueles dias de batalha interior foi uma prova tão grande e determinante para sua fé que foi interpretada como a base sobre a qual o futuro culto monoteísta se afirmou plenamente, na forma de uma *aliança* entre o verdadeiro Deus e a humanidade inteira, representada pela família de Abraão.

Bem mais tarde, o filósofo e teólogo luterano Soren Kiekergaard, considerado o pai da filosofia existencialista, dedicou a sua obra mais importante – *Temor e Tremor* (1840) – para tratar da natureza das angústias humanas e do valor da fé e da religião quando o coração é provado severamente, tendo como ponto central para sua reflexão o "*sacrifício de Isaac*".

A peregrinação do pai da fé foi semeada de momentos de paz e de lutas. Isso foi o caminho que conduziu o velho pastor à maturidade da relação com o Eterno.

Abraão voltou exultando de alegria para casa. Deixou para trás uma bandeira fincada no alto do Moriah, a bandeira da fé.

Ao descer da montanha, olhou uma última vez para o monte e uma sensação de angústia lhe atravessou o peito. Não sabia ele que aquele lugar seria palco de tantas alegrias e tristezas.

Ao seu lado, segurando com força sua mão, estava o pequeno Isaac. Alegrava-se com tudo que via e contava aos servos que os acompanhavam em tom de brincadeira sobre a aventura que vivera sobre o monte.

Nos corações um misto de alívio e paz por tudo ter acabado bem e já estarem a caminho da montanha e da segurança do lar.

CAPÍTULO VIII

DESPEDIDAS

Viver é uma experiência constante de subir colinas escarpadas e descer vales profundos. É um caminho que se estende e se contrai, para depois voltar à normalidade. Mesmo depois de tantos altos e baixos, possui uma força em si de, paulatinamente, voltar à sensação de continuidade. O tédio da rotina, a necessidade psicológica de persistir seguindo em frente empurram a existência para a longa estrada do destino, sem permitir a ninguém um pouco de refresco.

Como todos os homens, Abraão buscava quebrar a lógica objetiva do dia a dia envolvendo-se em outras atividades que a idade lhe permitia realizar. Gostava de visitar Ishma'El e ver com os próprios olhos como o menino se transformara em um belo varão. Já tinha seu próprio rebanho, fruto da assistência financeira que seu pai lhe oferecia. Adquirira esposa e logo encheria o acampamento de descendentes, com a graça de El Shaddai, esperava Abraão! Possuía também alguns servos e já começava a formar seu próprio clã.

El Shaddai falara a Abraão sobre a bênção que estava reservada para Ishma'El. As palavras de seu Senhor lhe traziam um grande conforto e consolo por toda a situação de separação que tiveram de enfrentar. Quando olhava a prosperidade que saltava a seus olhos, o espírito de Abraão se alegrava por poder ver a realização da bênção de Shaddai sobre a vida de seu filho. Como gozava de muito respeito em toda a região do Hebron, seu filho também partilhava da consideração e amizade dos habitantes do país.

Ishma'El era uma bênção. Abraão percebia que seu espírito se deleitava quando estava na presença de seu filho. Tinha um verdadeiro amor e se sentia muito amado ali no acampamento onde seu filho residia com sua mãe Agar.

Não tendo mais idade para pastorear, dedicava algumas horas a mais ao recolhimento e à oração. Gostava de orar todos os dias e intercedia sempre por sua descendência, trazendo à presença de seu Deus a pessoa de seu venerável pai Taré, de seu irmão Arã e de sua recatada mãe. Não esquecia ninguém. Lembrava o sobrinho Ló e sua família de que há muito tempo não tinha notícias, mas sentia paz quando se lembrava dele. Sempre se encontrava com Aner, Escol e Mambré, amigos do coração, para atualizar as notícias trazidas pelos viajantes e relembrar as aventuras de tempos quase esquecidos. Sentia uma grande consideração por Eliezer de Damasco, seu servo fiel. Tomava-o como um de seus filhos e admirava sua fidelidade inestimável. Lembrava-se da figura solene do Sacerdote-rei de Salém, do encontro que ambos tiveram em Save e da impressão de generosidade e simpatia que tiveram mutuamente. Seu nome era Melquisedec.

Em suas orações pedia também em favor do desconfiado Abimelec, senhor da terra em que habitava, e de tantos outros amigos que fizera naquela boa terra que ambos o Senhor lhe dera para semear suas esperanças. A vida presenteara Abraão com muitos amigos e muitas pessoas generosas e afetuosas. Guardava cada uma no tesouro de seu coração.

Como era bom viver em um mundo repleto de histórias de vidas marcantes, de pessoas lutadoras, persistentes. A alegria, apesar da rotina dura da vida, era uma marca indescritível de beleza e encanto que havia nos cidadãos daquele pequeno recanto do mundo.

Abraão pensou consigo como era bom poder estar vivo, naquela realidade, convivendo com aqueles homens e aquelas mulheres tão singulares em suas histórias e, ao mesmo tempo, tão comuns ao conjunto da sociedade em que habitavam. Poder contemplar a natureza tão rica em detalhes e cores, de tantas variedades de seres e de formas. A vida é linda como o azul do céu, é profunda como os vales coloridos de plantas e flores e complexa como as multiformes estrelas que brilham em todas as partes nas noites do deserto. É dom e graça! Pobre do homem que passa a vida sem contemplar a fecundidade da criação.

A vida é boa! As pessoas são tesouros inestimáveis que levaremos para sempre. Basta um lance de olhar mais atento para perceber quão maravilhosos são nossos irmãos. Se conseguíssemos tirar a vista do que há de limitado e aborrecedor nos outros e compreender o próximo como um presente da existência, seríamos muito mais felizes e encontraríamos sentido maior para as relações fraternas. É um exercício a que cada um deveria se propor. Viveríamos muito melhor!

Nos momentos de solidão, o coração está encontrado consigo! Calam-se as vozes exteriores, o silêncio como a sombra da tarde vai descendo pela alma até cobrir as raízes mais profundas. Só resta a Presença. Há percepção de que sou *alguém* e que, sendo unidade, integro um todo e possuo um veio de eternidade e permanência.

Quando o homem cala e o coração silencia, quem fala é Deus. Sua voz inaudível aos corações barulhentos e inquietos se faz ouvir na quietude e no abandono. Cultivar o chão fértil da vida, fazendo dela uma realidade de encontro e acolhida, é graça e plenitude. Quem não o desejaria? Não são porventura gritos da alma a oração do salmista: “Minha alma tem sede de vós, minha carne também vos deseja como terra sedenta e sequiosa"[30]. É o anseio da alma e do corpo, ou seja, da pessoa inteiramente integrada à existência.

Assim estava o espírito de Abraão. Depois de tantos anos, sentia um desejo enorme de poder estar com Aquele que sempre esteve com ele, de viver seus últimos dias de forma plena, colocando as energias da mente e do coração concentradas no que é o melhor da vida: as pessoas, a natureza e o Espírito.

O crepúsculo da vida promove no interior da pessoa a necessidade de fazer um exame da própria existência. Abraão, ao olhar para sua história, percebeu cicatrizes de dolorosos momentos por que passou. Lutas e desafios que gravitavam constantemente em sua vida. De fato, houve muitas batalhas, algumas de proporções descomunais, outras, apenas amenidades que a vida proporcionou. Cada uma deixou sua marca na memória do pastor.

Muitas vezes, percebe-se quantas lutas não foram mais do que somente simples ilusões ou situações tão pequeninas que dão até vontade de rir das inoportunas preocupações dedicadas a elas. Tempo e energia perdidos com miudezas que em nada alteram o curso da vida.

Por outro lado, as memórias tristes e muitas vezes traumáticas precisam ser cuidadas, pois trazem em si potencialidades geradoras de alterações no comportamento do indivíduo e até mesmo no sistema biológico. Podem deixar sintomas de angústia crônica, de ansiedade e medo. Outros entram no quarto escuro da depressão por não saberem como conviver com as memórias dolorosas do passado. Nem conseguem olhar para frente, por estarem sempre com os olhos fixos no que já passou.

Cicatrizes são sinais mortos. Contam histórias que só doem porque são atualizadas, mas que, no fundo, são apenas lembran-

---

[30] Salmo 62.

ças, como sonhos de uma noite que já deixou de existir por causa da manhã que chegou.

Mas há aqueles que aprenderam, ou se decidiram, a usar as memórias dolorosas como força propulsora para serem felizes. Buscam trilhar caminhos novos sem temer os desafios que lhes aparecem. Negam-se a deixar de sonhar, cultivam suas vidas em terras sempre novas, levando na bagagem experiências que pintaram a vida de tons escurecidos, mas não tiveram força suficiente para desbotar o lindo quadro de suas histórias.

Não há ninguém que escape deste paradoxo de lutas e desafios. De certa forma, a vida em si já é desafiante! Em um mundo cada vez mais complexo e competitivo, as pessoas são empurradas – preparadas ou não – para a peleja do dia a dia. A lógica apregoada aos quatro ventos é: os fortes e destemidos, ou seja, os competitivos, vencem. Seu prêmio: ocupar o topo da pirâmide social e, uma vez alcançada a meta, gozar de todas as coisas boas que a vida pode oferecer.

Os fracos e incompetentes para a luta, ou seja, os não-competitivos, vão parar na base da estrutura, feita de uma massa humana sem rosto e sem nome. São apenas números frios na pesquisa sociológica. Encadeiam as estatísticas como se fossem matéria descartável. Essa é a lógica do mundo, pervertido por uma visão excludente e inescrupulosa que colocou como fator nuclear a ideia do *sereis como deuses,* seja de que forma ou meios for!

Abraão é um claríssimo exemplo de que essa lógica objetiva não tem sentido integral. Ele vem da tradição dos pobres e humildes de Deus. Não competitivo, mas compassivo. Não agressivo, mas acolhedor, leal e fiel, simples e humilde. Pobre. Sua riqueza sempre esteve guardada em seu coração. Amou tudo o que tinha. Desejou possuir somente o que era seu por direito. Não soube olhar para o próximo como um competidor. Só pegou em armas para defender a liberdade do irmão, que não tinha forças para lutar. Foi pobre com os pobres, correto quando estava com os ricos e poderosos. Suspirou somente pela dignidade da vida. E deixou-se possuir pela presença do Eterno Deus em todos os caminhos e descaminhos que a vida lhe apresentou.

Foi um homem integrado ao ser. Viveu as coisas corriqueiras próprias de um homem comum, em paz com o transcendente que ocupou sempre seu coração. Desejou intensamente e procurou de forma humilde e serena habitar no reino da paz que a vida oferece, sem contradições perturbadoras, com os sonhos que nascem de uma vida melhor.

Aceitou o que lhe foi dado pelo tempo: uma esposa simples e solícita, filhos quando já possuía idade avançada, um pequeno clã para tomar conta. Foi fiel à sua pequena família. Não alimentou sonhos nem quimeras que incendiassem sua vontade na direção de uma vida opulenta e vazia. Não buscou a religião como rota de fuga para sua condição humilde. Compreendeu a grande riqueza que residia na vida de fé e aceitou vivê-la com intensidade e entrega.

Em suma, percebeu que podia ser feliz, mesmo que não trilhasse os caminhos largos e espaçosos que a lógica do mundo propunha. Seu palácio foi sua tenda; seu tesouro foi sempre sua família alargada pelos amigos; sua herança, o reino que se fez presente quando as luzes da fé iluminavam o interior do coração.

Havia experimentado lutas e dores, mas aquilo era tão pouco diante de tantas ocasiões de paz, alegria, encontros e sonhos realizados. Seu coração tornou-se um templo para a gratidão. Deus lhe presenteara com vidas preciosas, amigos alegres que o faziam se sentir tão bem! Experimentou tantas vezes a gratuidade das pessoas. Entendeu quanto isso lhe enriqueceu a existência.

Aprendeu na escola da vida que saber esperar sem sofrer as demoras é caminho seguro para a paz interior. Somente os que esperam com confiança poderão gozar da visão beatífica da graça que os aguarda. Os humildes e pobres de Deus são os que acolheram a *espiritualidade da esperança*. Vivem pela fé. São ricos de dons e caridade. Têm seus tesouros guardados no coração do Eterno. Sabem viver bem e com muita dignidade. Trazem no coração o selo dos filhos do reino da paz e da vida.

Sara eterna

Aos olhos dos pais, os filhos nunca crescem! Porém o soberano tempo vai ensinando que mudanças logo baterão à porta. Só resta acolher com solicitude o novo que chega trazido pelo movimento contingente que não cessa. A vida é pura dinamicidade, enquanto estamos aqui ela é movimento tenaz e inextinguível. Há que se estar sempre preparado para a jornada seguinte!

Na tenda de Abraão e Sara, Isaac crescia com rapidez. Já era um jovem. Sua voz estava grave. Era forte e alegre. Possuía um caráter comedido como o de Sara, sua mãe. Já havia sido iniciado no mundo dos negócios. Sentia-se feliz em seguir seu pai para onde quer que fosse.

Isaac era uma boa companhia; sempre que seu pai saía para visitar Ishma'El, fazia questão de não perder a oportunidade de encontrar o irmão mais velho e ouvir suas histórias engraçadas e aventureiras. Ishma'El já era homem formado, havia constituído seu próprio clã, possuía esposas e filhos, tinha seu próprio rebanho.

Sara percebeu que certa inquietude tomava conta de Isaac naqueles dias. Como era costume entre os pastores, as alianças matrimoniais se davam bem cedo, quando os jovens ainda se encontravam sob a proteção dos pais.

Com a chegada da maturidade, Isaac começou a questionar seu pai sobre seu futuro matrimonial. Como as mulheres são mais sensíveis a assuntos familiares, Sara resolveu tomar a iniciativa e deliberou junto a Abraão que seu filho não tomaria esposa de uma das filhas daquela terra. Não queriam correr o risco de trazer para dentro do clã uma jovem que não possuísse o selo familiar dos pastores e a fé em El Shaddai.

Mercadores que comerciavam nas longínquas terras da Babilônia trouxeram notícias da família de Nacor, irmão mais novo de Abraão, que residia na mesopotâmia. Ao saberem que Shaddai providenciara a Nacor um grande clã e que tinha filhos e filhas, entraram em acordo que o futuro de Isaac seria decidido com uma incursão à terra de seu irmão para ver se tinha alguma filha que pudesse ser dada em matrimônio a Isaac. Davam preferência a uma esposa que pertencesse à raiz de Taré, assim como Abraão e Sara eram parentes por parte do saudoso patriarca.

Meses se passaram desde aquela decisão. Abraão andava preocupado por ver o declínio físico cada vez mais evidente de sua esposa. Sara permanecia mais reservada do que nunca, passava a maior parte do tempo quieta e já não tinha mais disposição para cuidar dos afazeres domésticos como outrora. Ele começou a temer por sua saúde. Sentia pena de Sara. Será que teria forças para ver o casamento de seu único filho?

Olhava para si mesmo e via como seu corpo dava sinais claros de decadência física. Ambos tinham envelhecido muito. O canto triste de uma cigarra encheu o ar de monotonia. Enquanto o sol se escondia atrás das montanhas, a vida estava definhando.

É difícil pensar no fim! Nossa natureza não foi feita para essa reflexão. Passar pelo pórtico escuro da morte é um fato de ordem universal, mas, de certa forma, rompe com a perspectiva mais marcante que há em cada ser humano: a ideia de perpetuação.

Tudo na natureza está enredado no ciclo de vida e morte. Nada escapa dessa premissa. A vida é uma passagem só de ida, cujo destino já está traçado. Por isso tantos a desejam viver tão intensamente a cada instante. Outros se perdem no caminho, despejando tantas coisas supérfluas sobre sua vida que não conseguem aproveitar o que realmente é verdadeiro, bom e válido. Escolhem uma falsa rota de fuga que só levará ao labirinto sombrio da desilusão e do vazio.

É o drama universal. Só resta à pobre criatura olhar para dentro de si, perceber que a vida é um grande presente de amor, que as pessoas são presentes maravilhosos e que, no final, o descanso nos espera em braços ternos de misericórdia e plenitude.

No fim da caminhada está o Pai. Ele é o início e o termo da existência. Cabe ao homem somente se entregar em paz e se deixar levar como um rio quando encontra o mar e se deixa transformar em oceano.

Por mais que rezasse, Abraão percebia que a vida de Sara estava como a luz de lamparina quando o óleo vai doando suas últimas gotas. Tomou a resolução de dedicar mais tempo à sua amada esposa. Fazendo-lhe companhia, acreditava estar lhe oferecendo um pouco de consolação. Via que Sara compreendia sua atitude e que se regozijava com a sua amorosa presença.

Abraão buscava quebrar o tédio que tomara conta do espírito de Sara trazendo-lhe novidades da cidade e contando-lhe histórias engraçadas. A memória de Sara começava a faltar e já não ouvia bem. Quando faltavam as palavras, abraços e carinhos davam o tom da conversa.

Isaac também dedicava sempre um tempo para estar com sua mãe. Pedia-lhe que contasse alguns fatos familiares, aparentando se interessar por qualquer coisa que ela dizia.

A dignidade dos últimos anos de vida é uma bênção incomparável. Ditosos são os que cultivam na família o amor e a atenção, que deixam lições de afeto que não serão superadas nem pela idade, nem pela pobreza ou outra situação adversa que a idade trouxer. São os frutos que nasceram das sementes lançadas ao longo da vida.

Certo dia, Sara não teve forças para se levantar de seu leito. Foi alimentada pelas servas que tinham muito carinho e cuidado com sua senhora. Até mesmo Agar veio para auxiliar nos afazeres domésticos. Abraão saiu para o campo enquanto Isaac permaneceu com sua mãe.

O coração do ancião estava particularmente apertado naquele dia. Tentou se concentrar na conversa dos servos que cuidavam do rebanho. Mas foi em vão! Estava realmente angustiado. Buscou um lugar solitário para orar e poder desabafar com o Senhor sobre os infortúnios que estava tendo por causa da situação de Sara. Intercedia junto ao Senhor para que sua esposa pudesse ter a última alegria da vida, ver as núpcias de Isaac e contemplar mesmo que ao longe a posteridade do clã.

A forte luz daquela manhã denunciou a silhueta de um homem vindo às pressas em sua direção. Ao fixar o olhar para ver quem era, reconheceu seu filho Isaac que vinha ao seu encontro. Ao chegar perto, Isaac, sem pronunciar uma única palavra, abraçou com força seu pai e soltou um gemido de dor e tristeza. Abraão petrificou. Não tinha a palavra adequada para perguntar. Esperou Isaac dizer alguma coisa.

Com grande esforço, seu filho conseguiu respirar fundo, enxugar as lágrimas do rosto avermelhado e falar. Sara estava partindo para junto de seus ancestrais. Era necessário ir rápido, tendo, no entanto, o cuidado para não atropelar as dificuldades de mobilidade que Abraão já apresentava por causa da idade.

Um misto de pena e medo tomou conta do velho pastor. Respirava com dificuldades pela necessidade de apreçar o passo o máximo que pudesse. Por que resolvera ficar tão distante do acampamento naquela hora? Pensava consigo.

Ao avistar a grande tenda, viu estampado no rosto das servas que estavam na entrada uma tristeza tão assustadora como não tinha visto ainda. Entrou às pressas e viu o corpo de Sara deitado. Sua respiração estava arquejante, sua face e seus olhos pareciam ter afundado sobre a pele enrugada e muito branca. Abraão tomou sua mão já sem forças, beijou-a com delicadeza e, com grande emoção, agradeceu a sua fiel companheira tudo. Entregou-a às mãos amorosas do grande amigo e senhor Shaddai, que sabia muito bem quem era aquela mulher chamada Sara.

A cena tão comovente da pequena família de pastores, que de mãos dadas – pai, filho e a mãe moribunda – se despediam com tanto amor e carinho, encheu o lugar de paz e singeleza. Aquela paz que é sinal de eternidade e que traz consigo a certeza de que a vida não se encerra no leito da morte.

De mãos dadas ao marido, que tanto amou, e ao único filho que concebeu, presente dos céus, esboçou um último olhar, respirou profundamente e partiu.

Isaac caiu em um choro prolongado e doloroso abraçando com suas mãos trêmulas a cabeça de sua mãe. Gritos e lamentos ecoaram por toda a montanha.

Sara foi a pobre esposa de um pobre homem de Deus. Teve uma vida de privações e conviveu com a humilhante condição de ser estéril. Foi a companheira fiel de um solitário peregrino, que buscou os caminhos de sua fé sempre a tendo ao seu lado. Não questionou, não obliterou seu marido. Aprendeu a conviver com as lutas da vida itinerante. Sempre altiva e digna, trazia no recôndito de seu coração sonhos que só o universo feminino seria capaz de interpretar. Foi a coluna de sustentação, a força e a coragem de todo o clã. Chorou muitas vezes as lágrimas que seu marido teve vergonha de chorar. Foi mulher, esposa e mãe, companheira e amiga, um presente de amor e ternura, mais valioso que todos os presentes que o mundo poderia dar.

Oh Sara, por que já vais! A mãe idosa de um único filho será para sempre a mãe fecunda de todos os crentes.

As carpideiras levantaram a voz entoando cânticos fúnebres. Todo o acampamento se mobilizou para os ritos do velório. Isaac se mantinha distante, sentado, quieto em um pequeno canto, observando, com seu olhar perdido, os preparativos para o féretro.

Abraão, com a ajuda de alguns servos, montou uma pequena burra e desceu a montanha até a pequena cidade cananeia dos filhos de Het. Ao chegar à porta da cidade, lugar onde se realizavam os principais negócios, Abraão foi cercado por um grupo de anciãos que queriam prestar-lhe condolências pelo infortúnio de sua tão recente viuvez.

Com voz embargada pela emoção e a face abatida pela tristeza, Abraão pediu aos habitantes um pedaço de terra para enterrar sua esposa. Como as respostas dos heteus foram favoráveis a Abraão, ele escolheu uma gruta na montanha, defronte ao lugar onde armara seu acampamento.

Os filhos da terra ofertaram a Abraão qualquer lugar que ele quisesse, pois ele gozava de muita simpatia e veneração por parte dos habitantes. Mas Abraão não aceitou. Era uma questão de honra que o lugar do túmulo de sua família fosse uma propriedade adquirida de forma legal. Havia posto no coração que a gruta sobre a montanha era o lugar mais adequado. Era um ambiente de beleza ímpar, flores e plantas brotavam de todos os cantos, passarinhos cantavam alegremente e dividiam o espaço com borboletas de cores luxuriantes. O lugar transmitia uma paz tão envolvente que era tido como o *Jardim de Deus sobre a montanha*. Abraão gostava muito de estar ali com El Shaddai, pois ficava bem próximo de onde tinha fixado acampamento. Muitas vezes usou o lugar para dedicar algumas horas a conversas e passeios com Sara e depois à companhia do pequeno Isaac.

O lugar pertencia a certo Efron, filho de Seor que se encontrava entre os anciãos. Tomado meio que de surpresa, Efron dirigiu-se a Abraão e com profundo respeito doou o campo que ele queria, chamado de Macpela ou campo das *Duas Entradas*, porque a gruta possuía duas entradas que lhe davam uma característica peculiar. Abraão não aceitou. Ofertou o valor de quatrocentos ciclos de prata pela gruta mais a área que estava ao redor.

O valor era consideravelmente alto, mas justo. Efron aceitou vender o lugar para Abraão, pois ficava no extremo de suas propriedades. Após pesarem as moedas e providenciarem o registro do negócio, Abraão tomou o caminho de volta.

Após o desfecho positivo do acordo de venda, Abraão voltou a se concentrar em Sara. Onde estaria seu espírito? O que teria acontecido com sua existência? Por que era preciso morrer antes dele? O coração do velho pastor encheu-se de um profundo vazio. Parecia que a própria natureza ao redor havia se calado. Sentia uma profunda comoção pela morte de sua amada esposa.

Se ao menos pudesse chorar e se lamentar como uma criança, fá-lo-ia com certeza! Mas as obrigações morais e a continência eram atributos que regiam fria e inoportunamente as pessoas maduras, mesmo nos momentos mais dolorosos.

Todas essas sensações são manifestações de dor que a alma lança para o consciente. São as dores que se transformam em busca de respostas. Mas não há resposta. Só silêncio! E entrega!

O Senhor prometera a Abraão que lhe daria toda aquela terra e, no entanto, sua primeira propriedade foi adquirida por dinheiro, e foi um túmulo. Poderia haver algum sinal mais agourento que esse?

Enquanto subia a montanha, lembrou quantas proezas Deus realizou em sua vida. Sentiu vergonha de duvidar da palavra de Shaddai. Nada é impossível para Aquele que domina a existência. De todas as apostas que Abraão podia fazer, resolveu decidir por apostar em sua fé nas promessas do Deus, em quem sempre acreditou.

Chegado o momento do sepultamento, em meio aos gritos e às lamentações das servas, Abraão, estendendo a mão sobre o esquife em que jazia o corpo já sem vida de Sara, abençoou a última jornada de sua amada esposa, com palavras simples e pronunciando, com voz embargada pela emoção, palavras de gratidão e de terno amor.

Isaac estava profundamente fragilizado. Seu irmão Ishma'El o amparava, fazendo-lhe companhia. Abraão recebia de forma acolhedora os cumprimentos dos que estavam ali para uma última despedida da defunta. Muitos foram ao triste acontecimento mais por solicitude ao pastor do que por conhecer sua esposa. A amizade e a boa conduta de Abraão havia gerado uma franca admiração dos cidadãos daquela região. Parecia que era Abraão o parente mais próximo daquelas pessoas.

Quando todos voltaram para o acampamento, enfrentaram o processo mais difícil que a morte apresenta: a ausência daquela vida, o vazio deixado em todos os pequenos sinais que marcavam aquela existência, suas roupas, o lugar que ocupava na rotina doméstica, o silêncio que sepultou a voz tão particular daquela que se foi.

É uma sensação de dor profunda e extremamente amarga. Só o tempo tem o poder de mitigá-la. E é preciso saber esperar com serenidade, pois logo a dor se transformará em saudades e as saudades em lembranças, que vão se transformando em um estado de aceitação da lei natural da vida. Os que agora choram, um dia, serão também eles chorados!

O que restou a Abraão foi sua fé no eterno Deus de amor. Aquele que dá a vida também a recolhe. Se a dá como um sinal de bênção, quão maior não será essa bênção quando a recolher? Esse mistério rondou o coração do patriarca preenchendo-o de grande paz e serenidade.

Foi sua fé que o sustentou naqueles dias tão difíceis. Sofreu o que tinha de sofrer, depois entendeu que Sara já não pertencia mais ao seu clã, mas fora assumida pelo Pai de todos os clãs da terra.

Certo dia, com o espírito envolto em quietude, entregou definitivamente o espírito de sua irmã, companheira e esposa ao coração amoroso de El Shaddai para sempre. Cabia a Abraão continuar sua jornada se desapegando do que passara. Era hora de voltar o coração para o que ainda restava da vida.

Isaac e Rebeca

Depois daqueles dias, Abraão buscou novas informações com os negociantes que iam e vinham daquela terra tão distante, indagando deles se tinham notícias de seu irmão Nacor. Ao saber que Nacor prosperara na terra dos caldeus e que Shaddai lhe tinha providenciado um grande clã, não hesitou em preparar uma missão.

Reparara que Isaac andava bastante acabrunhado e seu semblante não escondia o pesado fardo da dor por causa da morte de sua mãe. Percebeu também que era chegada a hora de resolver uma situação que ficara pendente: o matrimônio de seu filho primogênito.

Bodas de casamento era do que Isaac precisava para consolar seu espírito. A alegria voltaria a ecoar melodias de esperança naquele acampamento visitado pela tristeza.

Outorgou a Eliezer seu sinete pessoal como sinal de reconhecimento da autoridade a que seu servo estava investido. Contratou um pequeno grupo de caravaneiros profissionais, para assegurar o bom êxito da jornada, e mandou um generoso dote para que Eliezer pudesse trazer uma das filhas de Nacor para ser esposa de Isaac.

Uma empreitada como essa demandava um tempo considerável. Além do mais, havia a possibilidade de Nacor não ter nenhuma filha disponível ou, mesmo, de não aceitar mandar uma filha sua para uma terra tão distante quanto Canaã. Tudo estava entregue às mãos providenciais de Shaddai. Só restava a Abraão e Isaac esperar.

Os dias passaram lentamente, como o crepitar da luz que vai devorando a vela sobre o candeeiro. Obedecendo às leis da natureza humana, o estado de expectativa promove uma disfunção temporal e geográfica, que gera sensações de ansiedade que parece que a percepção de tempo paralisa. Todas as realidades do dia a dia tornam-se enfadonhas e desinteressantes, como a fluidez monótona de uma corrente de água que desce da montanha.

Para piorar, Eliezer não voltava nem dava notícias. Que haveria acontecido? Talvez bandidos? Poderiam ter se perdido em uma terra distante?

Isaac tentava não transparecer a ansiedade que sentia todos os dias. Esperava poder fazer essa grande honra a seu envelhecido pai.

Com a morte de sua mãe e a vida de Abraão chegando ao crepúsculo, Isaac sabia que seu casamento seria a última alegria para aquele centenário pastor. Gerar filhos para o pequeno clã, colocá-los nos braços de seu pai, que grande presente! Que consolação para aquele coração tão acolhedor!

Em uma manhã em que Isaac passeava pelos campos observando ao longe os pastores, olhou para o levante e viu o movimento de uma caravana que avançava preguiçosamente sobre a montanha. Seu coração se alegrou! Era Eliezer que chegava. Pareciam ser mais numerosos do que quando partiram.

A caravana parou no meio do acampamento. Entre gritos de festa e com grande alegria, os viajantes foram recebidos. Abraços e sorrisos. Água, comida e descanso foram oferecidos a todos.

Eliezer, após saudar seu amo com reverência, apresentou-lhe o fruto de sua viagem, uma jovem, muito bonita e educada. Com profunda gratidão, Abraão a acolheu com um abraço paternal, demorado e cheio de emoção. Pronunciou sobre a jovem uma bênção e lhe perguntou o nome. – "Rebeca", disse-lhe ela, em tom solene e respeitoso.

Após se entreter com a jovem sobre sua parentela, Abraão trouxe à sua presença seu filho Isaac. Ambos sabiam que estavam tendo um encontro de condução. Rebeca estava ali para ser dada em casamento ao filho de seu parente.

A visão de Rebeca encheu os olhos de Isaac. Era uma bela mulher, simples e decorosa, tinha uma silhueta muito elegante. Isaac viu em sua esposa um sinal de bênção e louvou no coração a El Shaddai por ter lhe proporcionado a disposição de uma jovem tão digna.

Os preparativos para a condução ocuparam o centro da vida do clã naqueles dias. Os servos iam convidando os amigos de Abraão. As servas preparavam os estoques de vinho, frutas secas, os temperos para a fervura das carnes. O acampamento todo vivia o clima da festa.

Os noivos não podiam ficar juntos até a festa da condução. Era indecoroso estarem em intimidades antes da celebração matrimonial.

E chegou o grande dia! ara o clã, o dia da alegria. Tudo estava limpo e organizado. As lâmpadas dos atoches davam um contorno especial ao acampamento. Os convivas chegavam alegremente e eram acolhidos pelo servo Eliezer, que os conduzia até o anfitrião para depois ocuparem seus respectivos lugares na grande mesa preparada para ceia das bodas.

Abraão recebia seus convidados com o ósculo, sinal de boas-vindas. O noivo estava em trajes de gala, esperando com paciência o momento da condução.

As luzes das lamparinas das damas de honra se acenderam, e a noiva entrou pelo pórtico feito de panos trançados para ser apresentada ao noivo. Estavam lindos! Aquele momento parecia um sonho. Quando que Abraão pensaria um dia poder ser testemunha do casamento de um filho, concebido já em plena velhice.

Segurou as mãos dos nubentes, entrelaçando-as, e pronunciou uma bênção cheia de elevado ardor. Invocou sobre o novo casal as bênçãos de El Shaddai. Pediu a graça da fecundidade e da boa saúde para ambos.

Havia muita emoção no ar. A festa tinha ao mesmo tempo uma aura de grande acontecimento, com um tom dramático, pois tudo aquilo era um grande milagre aos olhos dos homens de fé.

Enquanto sorrisos e cânticos alegres, motivados pela abundância do vinho servido, faziam o ambiente cada vez mais alegre, no coração de Abraão vinha certa nostalgia. Queria tanto que Sara estivesse ali, com sua alegria quase infantil para o preparo dos alimentos que seriam servidos. Como arrumaria cada detalhe com esmero! Como estaria exultando por tão grande acontecimento!

Era uma pena! Esperaram tanto! Mas a vida quando se encerra leva consigo tudo que estava preparado e predisposto para aquela existência. Todos vivem a plenitude de sua história. Ninguém morre por um acaso acidental. Tudo está nas mãos de Deus, que dispõe com amor de todas as existências, embora também permita à sua criatura, pela graça do livre-arbítrio, o direito de interromper com o ciclo natural de sua própria vida ou de outras. É o mistério do livre-arbítrio, que sempre passará pelo portal da liberdade.

A tristeza, que quis se agarrar ao coração do velho patriarca, foi logo dispersa pela alegria da festa. Abraão deixou-se levar pelo aluvião de regozijo que tomou conta de vez do acampamento.

Ao chegar a hora, Isaac conduziu Rebeca ao interior da tenda patriarcal, que havia sido arrumada escrupulosamente para as núpcias. Seu pai ofertou-lhe o espaço que era dedicado ao chefe do clã e sua esposa. Dessa forma, dando a Isaac sua tenda, transmitia o direito de chefe a Isaac. Aquele gesto era o presente de seu pai, o maior presente que poderia lhe dar.

Isaac introduziu Rebeca nos aposentos. Sob o tremeluzir das lamparinas de óleo, entregaram-se um ao outro com amor e carinho. Isaac consolou-se da perda de sua mãe, invocando a bênção de Shaddai sobre seu leito, pediu a fecundidade para sua esposa, e filhos para presentear seu velho pai.

A última estação

Tudo passa! A contingência marca seu território mostrando a face mais dura da vida: a precariedade!

Sob o testemunho silencioso das milenares montanhas, derrama-se a lei universal, tudo que é criado na natureza tende incontestavelmente à precariedade e ao desaparecimento. Só há na existência uma única realidade imortal, o espírito, sopro de vida que nasce do seio amoroso do Deus eterno e, um dia, chegando sua plenitude, retorna para o seio acolhedor do Pai. O caminho de volta é trilhado pelo que ficou da vida: a fé, o amor, a caridade, a intimidade com as realidades que transcendem a matéria.

O espírito é propriedade do Espírito! A carne é da criação, fenece com ela. Mas o que é próprio da condição dos filhos de Deus é a gratuidade ao acesso à sua vida. Morrer não é se apagar em uma escuridão insólita, mas é transformar-se sem perder a essência, como as águas do rio que, ao encontrar o mar, transforma-se sem deixar de ser o que era; apenas passou de uma condição – água doce – para uma nova – água salgada. Brotou de uma fonte pura no seio da terra, deu os primeiros passos fraquinha e sem forças, cresceu e percorreu caminhos cheios de obstáculos e de muitas lutas para sobreviver, enfrentando tantas curvas, penhascos, rochas, sofrendo com as estações secas, ou com as alterações de seu curso natural provocadas pelas mãos de estranhos que levantaram represas e diques para prender suas águas.

Mas a força gravitacional da correnteza sempre a empurrou para a frente, sem tréguas, arrastando tudo que se interpunha, superando tudo, em direção ao grande destino. Se a água do rio não chegar ao mar, vai morrer sem cumprir com sua razão de ser.

No grande seio, lançar-se-á impetuosamente em uma nova existência. Ali não há mais fronteiras, nem represas, nem períodos de seca. Não há mais sofrimento, nem barreiras. É um universo novo e profundo como o céu, feito de águas muito límpidas, puríssimas, cheias de um sem número de vidas que se realizam plenamente estando ali.

É o lugar do descanso final, da alegria plena, do encontro total e totalizante. A plenitude ocupará todos os vazios. A vida renasce triunfante e luminosa em um movimento eterno de amor.

Abraão começou a sentir que seu tempo chegava ao marco final. O que mais esperar? As promessas foram realizadas. Não como ele esperava, pois o coração humano se inclina sempre para o absurdo; quer sempre o mais!

O Senhor lhe prometeu uma descendência e uma posse de terra. Ele teve dois filhos, Ishma'El e Isaac. Possuía um pedaço de terra, sua propriedade por direito, o túmulo de Sara, adquirido com o fruto do labor de suas mãos. Mas sentia que a promessa para ele era essa mesma. Estava cumprida! Trazia no íntimo a certeza de que muitas e generosas bênçãos seriam derramadas sobre os frutos de sua peregrinação. Via com os próprios olhos que, o que estava deixando, era uma semente de bênçãos. Seu espírito estava repleto de esperança e um sentimento de paz inundou seu coração.

Isaac havia percebido que seu velho pai já não tinha mais disposição para as coisas mais simples. Deixou de ir aos campos ver os rebanhos, não descia mais a montanha para se entreter com os velhos amigos. Parecia uma árvore curvada sobre si mesma. Estava silencioso, sempre recolhido em seus pensamentos. Já não respondia mais às conversas com muitas palavras, apenas pensava um pouco e soltava um sorriso contido, como quem quer dizer que abre mão de dar sua opinião. Escutava mais do que falava. Estava sempre com um semblante introspectivo. Os monossílabos tornaram-se as frases mais usadas pelo ancião.

Quem via Abraão pensava ser um senhor sisudo e comedido. Bastava aproximar-se que a alegria, que brotava do olhar e dos gestos simples e humildes, encantava os que se aproximavam daquele ancião tão digno, tão terno. Homem de Deus!

Quando olhava para seu pai, que visivelmente havia declinado bastante, Isaac enrubescia de emoção, e um vivo sentimento de gratidão se instalava em sua alma. Abraão era um simples homem de Deus. Tão fiel, tão honesto, tão digno! Não havia figura humana que a ele se comparasse em nobreza e dignidade. E, mesmo assim, estava se apagando, como uma vela que lança a chumasca de suas derradeiras chamas.

Suas mãos tão fortes e protetoras estavam agora tão frágeis! A sensação de não poder fazer nada por seu pai naquela situação de decadência apertava-lhe o peito, e Isaac se comovia cada vez mais. Sentia um desejo enorme de abraçá-lo, de se entregar como nos tempos da infância em seu colo e se sentir protegido das sombras da noite. Aspirava poder eternizar o perfume suave que exalava de suas vestes e ouvir mais uma enésima vez as histórias e aventuras do maior de todos os pastores – Abraão, o filho de Taré.

Isaac era de uma sensibilidade tamanha. Abraão atribuía esta virtude ao sangue de Sara. Mera brincadeira, Abraão também era de uma sensibilidade entranhada, digna dos espíritos contemplatistas e afetuosos.

Certo dia, Abraão surpreendeu Isaac e Rebeca. Informou-lhes que, a partir daquele instante, associava Cetura, uma das servas mais fiéis de sua mãe, à sua casa.

Como Abraão já não tinha mais idade e disposição para a vida matrimonial, e a serva Cetura era muito amada por todos, por estar desde sua mais tenra juventude servindo a Sara, Isaac condescendeu. Tinha o propósito de não desgostar seu velho pai. Via naquele gesto um ato de grande caridade e de reconhecimento por toda a dedicação que Cetura ofertou a Sara. Não queria deixar a serva desamparada após sua partida.

Cetura tinha filhos, mas não marido. Foi a companhia feminina dos últimos dias da vida do pastor. Uma cuidadora particular de Abraão. Isso deixou Isaac um pouco mais sossegado, pois sentia-se oprimido pela ideia de deixar seu pai sozinho, uma vez que ele já não conseguia fazer coisas básicas e necessárias sem o amparo de alguém. Agora, teria mais tempo livre para cuidar do clã.

Abraão estava cercado de cuidados. Todos se dividiam entre os afazeres do dia e os cuidados com o patriarca. Viam a presença daquele centenário peregrino como um sinal da benevolência de Shaddai. Ninguém queria sequer imaginar o clã sem sua presença.

Mesmo apresentando muitas limitações físicas, era afetuoso com todos. Sempre com palavras de gratidão, fazia questão de nomear cada um que lhe fazia alguma gentileza. Era amigo de todos. Como passava mais tempo quieto, muitos passaram a procurar a presença do ancião para conversas e pedir-lhe algum conselho.

Isaac via como era tão consolador ter seu pai por perto! Apesar de sua idade já madura, do casamento e da necessidade de se apresentar como chefe do clã, não conseguia deixar de se sentir como uma criança quando estava junto de seu pai. Sua voz enfraquecida, ainda soava nos ouvidos de Isaac como antes. Era o grande pai! Seu grande herói! Nada tirava isso do coração de Isaac, e ele o sentia no segredo do coração.

Abraão estava muito reconfortado com a atenção que lhes dedicavam os servos, a quem passou a chamar de amigos e filhos.

Orava a El Shaddai por eles, pela situação. Encontrava forças para sorrir das diatribes das crianças e dos filhos de Cetura. Intercedia por Isaac e Rebeca e mantinha o tom sereno, quando Isaac se queixava da demora na fecundidade de Rebeca.

Abraão o ensinava com palavras simples sobre o valor do tempo, sobre a necessidade de aprender a esperar com fé, de não deixar de sonhar jamais, mesmo em meio às tribulações e às limitações impostas pela vida.

A própria história de Abraão era um livro sobre a fé. Isaac testemunhou na vida do clã que a grande autoridade da fé de Abraão era fruto de tudo o que vivera. E se calava o queixoso Isaac. Pedia a seu pai que rezasse para que o mesmo espírito de paciência tomasse conta de seu coração. Abraão apenas sorria e acenava concordando. Os jovens são assim mesmo. Não seria, porventura, a impaciência companheira fiel da juventude?

Quando a nova estação chegou, transformando a vegetação e o clima da montanha, aos primeiros raios de sol da manhã, Abraão despertou, mas já não teve disposição para levantar para o desjejum. Estava muito fraco. Sentiu que o peito estava apertado e a respiração estava profunda, com intervalos prolongados. Queria apenas permanecer deitado.

Foi-lhe servido um mingau com pequenos pedaços de pão molhado no leite, no próprio leito em que descansava. Mas Abraão recusou-os. Não tinha condições de ingerir alimento algum.

Isaac veio lhe visitar. Tentou erguê-lo, mas desistiu. Seu velho corpo não aguentaria um esforço como aquele. Pai e filho se olharam com ternura. Abraão esboçou um sorriso contido. Sem pronunciar palavras, as mãos fortes de Isaac trouxeram o corpo cansado de seu pai para junto de seu peito em um longo abraço cheio de carinho. Os braços quase sem forças de Abraão se estenderam em direção aos ombros de Isaac, apertando-o uma última vez.

Queria poder dizer tantas palavras! Mas, com um nó na garganta e segurando a muito custo as lágrimas, só conseguiu agradecer tudo aquilo que seu pai era para ele, seu herói, seu melhor amigo, o esteio de sua vida! Ao se levantar, evitando os olhos marejados de seu pai, não conseguiu segurar as lágrimas e caiu em prantos em uma profunda tristeza, recebendo prontamente a consolação de Rebeca, que se estendeu sobre seus ombros também chorosa.

Isaac deixou a tenda rapidamente. Estava dilacerado por dentro. Uma sensação de vertigem tomava conta de seu corpo e pensou que fosse vomitar. Respirou fundo, enxugou as lágrimas, que lhe caíam copiosamente pela face. Deixou-se acalmar. Chamou os servos mais próximos para delegar-lhes as ordens do dia. Depois mandou chamar os servos que ficariam responsáveis pelos trabalhos de preparação para o funeral de seu pai. Determinou a uns jovens servos descerem a montanha para irem até Ishma'El para que viesse sem demoras para ver seu pai ainda vivo.

No interior da tenda, as servas, sob a direção de Rebeca, corriam de um lado para outro tentando organizar o material necessário para um provável velório. Outras dedicavam maior atenção aos afazeres da cozinha.

Em um dos aposentos, separado por um cortinado de panos bem retesados, deitado no leito feito de juncos com uma coberta grossa de pele que servia de colchão, estava o quieto Abraão. Seu servo mais fiel, Eliezer, fazia-lhe companhia.

Abraão pediu em um sussurro para Eliezer chamar Isaac.

Quando Isaac se aproximou do leito de seu pai, Abraão o fez achegar-se a ele. Com dificuldades, indagou por Ishma'El. Depois com ar resignado pela ausência de seu filho, fez um esforço para levantar um pouco a cabeça para falar a Isaac.

Segurou com a pouca força que tinha as mãos de Isaac e pronunciou uma bênção invocando o Deus de suas peregrinações para que caminhasse sempre com o clã de Isaac. Dirigiu o olhar para Rebeca e, estendendo sua mão, segurou as mãos dos dois e pronunciou uma prece de intercessão, a fim de que seus caminhos fossem solícitos como foram os de Abraão e Sara, de que a paz e a segurança sempre armassem sua tenda bem junto daquele clã e que uma abundância de filhos nascesse do seio jovem de Rebeca.

Abraão voltou-se para Isaac e, com voz fraca e arrastada, entregou toda a autoridade de chefe a seu filho. Tudo que possuía era de agora em diante de Isaac. Abraão não tinha mais nada. Somente as vestes e os últimos momentos de vida.

Exortou para que não se esquecesse de ser justo e digno diante dos homens e, principalmente, diante de Shaddai, de recompensar os bons servos e as boas servas que tinha e amasse tudo que a vida lhe desse. E continuou o peregrino a Isaac: "– Dá a Eliezer a justa recompensa de sua fidelidade, pois devoto-lhe grande afeto".

Após pronunciar a bênção, recolheu-se no leito. Estava cansado.

Isaac estava inquieto com a demora de Ishma'El. Em meio à tormenta daquele momento, uma quietude foi invadindo o ambiente. Dentro da tenda, fazia-se um esforço para manter um clima de normalidade e de silêncio.

A chegada de Ishma'El causou um burburinho do lado de fora.

Ao entrar na presença de seu pai, Ishma'El caiu de joelhos ao lado de seu leito e, impetuosamente, lançou-se sobre o corpo quase sem vida de Abraão. Quando seu velho pai lhe estendeu a mão e o abraçou com força, beijando com dificuldades sua cabeça, Ishma'El não conseguiu mais se conter e com gemidos e clamores deu larga voz ao seu sofrimento. Beijando a face flácida e pálida de seu pai, dirigia-lhe palavras de gratidão e de amor.

Ishma'El trazia no coração uma ferida que nunca cicatrizara: o fato de ter sido obrigado a viver longe do acampamento e das pessoas que aprendera a amar desde sua tenra infância, longe de seu pai que tanto amava e de seu irmão. Abraão passou a vida tratando aquelas feridas. Visitava-o com frequência. Esforçava-se para transmitir-lhe os mesmos direitos que Isaac tinha. Acolhia-o com muita ternura. Abastecia-o com o que podia e supria suas necessidades quanto fosse possível. Passou a vida tentando mitigar as feridas nascidas da separação.

Ele sentia-se muito amado por seu pai. Muito querido. Sabia que fazia parte de um clã maior, que era filho com muito orgulho de um verdadeiro príncipe e que seu pai também nutria um grande orgulho por sua causa.

Os dois filhos rodeavam o leito de Abraão, que segurou a mão de ambos e as colocou juntas. Três vidas, dois clãs irmãos. A fraternidade não pode se desfazer jamais. São frutos de um mesmo pai, um mesmo sonho, uma mesma bênção!

Era hora de deixar Abraão descansar. Quem sabe não recuperaria as forças e voltaria a se levantar de seu leito!

Não existe solidão maior que a hora da morte. A integração da vida com a natureza, com os semelhantes, a família... tudo se transforma em silêncio e solidão. A vida abandonada no meio do vasto oceano da incapacidade total. Não há um caminho de retorno, somente uma direção a seguir.

Palavras de consolo para nada mais servem, nem atrativos que estimulem a alma a se interessar por alguma coisa. A vida é sugada por uma força que a envolve por inteiro, rompendo a frágil estrutura da carne, do tempo e da história. Nesta hora, tudo perde a substância, nada tem valor. O único lugar onde a alma pode se refugiar é em si mesma, sozinha, abandonada.

Não existe momento na vida em que o ser humano ficará tão sozinho consigo como na derradeira hora. Quiçá venha em paz e encontre a alma preparada para a última jornada.

Se do coração moribundo não emergir os frutos da fé, outrora lançados no terreno fértil da existência, o caminho se torna desolação e sofrimento. No entanto, se a vida foi um processo incessante de busca do mistério de Deus, uma vida semeada no amor e na paz, na justiça e na intimidade da oração, essa hora escura brilhará como o sol de mil dias, e a alma se realizará plenamente no seio amoroso do Pai.

Uma vez chegada ao Reino:

> [...] Verão a face do Senhor e seu nome estará sobre suas frontes. Não haverá mais noite: não se precisará mais da luz da lâmpada, nem da luz do sol, porque o Senhor Deus vai brilhar sobre eles e eles reinarão por toda a eternidade.[31]

Abraão quis ficar quieto. Apesar da presença dos servos e de Rebeca, que a todo momento vinha vê-lo, desejava muito ficar ali, deitado sem incômodos. Ouvia ao longe as vozes de seus filhos conversando. Isso lhe reconfortava a alma.

Estava sentindo uma sonolência profunda. Não tinha forças nem para falar. Seus olhos estavam pesados e a muito custo conseguia abrir um pouco. De nada adiantava, pois sua visão estava embotada demais. Parecia estar em um sonho turvo, com luzes, vozes, movimentos, mas tudo lhe era alheio. Não compreendia bem o que acontecia ao redor.

Em paz, deixou-se vencer por aquele momento. Lutar, não tinha mais forças. Resistir para quê? Já vivera tanto tempo. Tantas primaveras já se passaram. Chegou o tempo da última estação. Não haveria mais folhas para vicejarem.

Seus filhos eram a razão principal de sua vida. Dons preciosos confiados a ele por seu grande amigo Shaddai. Abraão sussurrou uma prece de agradecimento, consagrando tudo o que ficava a Shaddai, seu grande amigo. Se ainda tivesse forças, teria caído em prantos.

---

[31] Ap 22,4-5.

A pedido de Isaac, Rebeca foi ver como seu pai estava. Ao perceber a aproximação de alguém, Abraão ficou parado, como se dormisse. Não tentou esboçar nenhum tipo de movimento para não chamar atenção.

Ao aproximar-se de seu sogro, Rebeca percebeu que ele estava tão tranquilo, parecia dormir. Chegou bem perto para ver se respirava e beijou-lhe a testa com muito carinho e cuidado.

Aquele gesto de afeição fez o coração do patriarca sentir saudades de Sara, do afeto de sua mãe e o fez lembrar-se do saudoso Taré. Na quietude de seu leito de morte, veio-lhe a lembrança dos céus estrelados dos dias de peregrinação pelo deserto com os rebanhos, com tantos sonhos e tantos projetos, do calor afetuoso da grande tenda quando chegava das pastagens e era recebido com alegria por seus pais. Conseguia lembrar o cheiro da comida que sua mãe, com a ajuda de Sara, preparava, as conversas e como o ambiente da tenda era cálido e acolhedor. Uma lágrima desceu timidamente de seus olhos.

Sabia que nunca mais viveria aquilo novamente, mas não sofreu. Poder ter vivido tantos momentos bons, com tantas pessoas boas era uma dádiva que só cabia gratidão e louvor.

Abraão sentiu um forte aperto no peito e um desconforto nas costas e no dorso. Soltou um leve gemido de dor. E logo se sentiu melhor. Seu coração começou a acelerar e uma sensação de torpor foi tomando conta de seu corpo.

Abraão não resistiu. Deixou-se arrastar pela correnteza. Acalmou o quanto pôde a respiração, que estava ficando cada vez mais profunda e lenta.

No centro da tenda, entretendo-se nas questões relacionadas ao clã, Isaac com Ishma'El e Eliezer eram alheios ao que acontecia no interior do cômodo reservado a Abraão. Eles estavam envolvidos em um clima de paz. Parecia que o céu habitava naquela tenda.

Aos olhos de Isaac, que tinha uma sensibilidade apurada, tudo parecia em harmonia. Olhou para dentro do aposento de seu pai e o viu dormindo tranquilamente. Sentia uma viva esperança de que fosse apenas uma indisposição momentânea, fruto da idade muito avançada de Abraão. Mas, no fundo, sabia que eram os últimos dias, talvez as últimas horas.

A presença de Ishma'El ali trazia um grande conforto. Nutria um especial apreço por seu irmão. Abraão nunca deixou de alimentar um clima de fraternidade entre os dois. Eliezer também, já idoso, era um grande amigo.

Rebeca trouxe a notícia de que seu sogro dormia, que aparentava estar bem, mas demandava cuidados, principalmente que não poderia deixar de ser alimentado quando despertasse.

Todos ficaram aliviados com as novas que Rebeca trazia! As lágrimas de dor deram lugar a conversas frugais, e até alguns sorrisos apareceram no meio da reunião.

Em meio a tudo isso, um súbito tremor despertou Abraão. Seu coração estava com a pulsação muito espaçada. Sentiu um cansaço enorme, e sua respiração ficava cada vez mais profunda e longa. Tentou abrir os olhos, mas não conseguiu. Mexeu os lábios ressequidos, mas não conseguiu pronunciar palavra alguma. Só conseguia pensar em Shaddai, como se pedisse um socorro divino para aquela hora.

Com a visão turva, só enxergava sombras e ouvia ao longe murmúrios ininteligíveis. Trançou os dedos das mãos unindo-as como se fosse fazer uma prece. Sua garganta paralisou. Uma dor profunda pareceu rachar suas costelas seguida de um zunido agudo que penetrou seus tímpanos. Um profundo silêncio tomou conta da tenda.

Alguém entrou no aposento, que se encheu de luz, inclinou-se sobre seu corpo e apertou seu braço com carinho enquanto repousava a outra mão em seu peito.

– "Abraão!"

Aquela voz! Tão familiar!

Shaddai.

APÊNDICE

Correndo por todos os cantos, as crianças não conseguem ficar paradas. Um senhor contempla com admiração seu cajado de pastor. Não fora ele mesmo que havia passado pelas mãos de tantas gerações até chegar ali.

O pequeno Jacó está entretido brincando com as pedras, enquanto seu irmão gêmeo, Esaú, corre feito uma gazela pelo descampado.

A concentração do homem segurando o cajado é interrompida pelo irrequieto Jacó. Ele traz nas mãos algumas pedras para entregá-las a seu pai Isaac.

Reclinando-se até a estatura do pequenino, procura solícito algumas pedras para entrar na brincadeira. – O que vamos fazer com estas pedras Jacó? Pergunta seu pai com ar de espanto.

Com voz infantil, mal conseguindo pronunciar os vocábulos certos, o pequeno Jacó responde: – "Vamos fazer um altar!"

FIM